河北省社会科学基金项目
项目批准号：HB16MK037

新媒体背景下大学生价值观与网络意识形态安全策略

王 强 安春芳 曾 慧 著

燕山大学出版社
·秦皇岛·

图书在版编目（CIP）数据

新媒体背景下大学生价值观与网络意识形态安全策略 / 王强，安春芳，曾慧著. —秦皇岛：燕山大学出版社，2022.5

ISBN 978-7-5761-0325-0

Ⅰ. ①新… Ⅱ. ①王… ②安… ③曾… Ⅲ. ①大学生－思想政治教育－研究－中国②大学生－互联网络－意识形态－研究－中国 Ⅳ. ①G641②B022

中国版本图书馆 CIP 数据核字（2022）第 061206 号

新媒体背景下大学生价值观与网络意识形态安全策略

王 强 安春芳 曾 慧 著

出 版 人：陈 玉

责任编辑：王 宁　　策划编辑：王 宁

责任印制：吴 波　　封面设计：吴 波

出版发行：燕山大学出版社 YANSHAN UNIVERSITY PRESS　　地 址：河北省秦皇岛市河北大街西段 438 号

邮政编码：066004　　电 话：0335-8387555

印 刷：英格拉姆印刷(固安)有限公司　　经 销：全国新华书店

尺 寸：170mm×240mm 16 开　　印 张：11

版 次：2022 年 5 月第 1 版　　印 次：2022 年 5 月第 1 次印刷

书 号：ISBN 978-7-5761-0325-0　　字 数：150 千字

定 价：44.00 元

前　言

以网络信息技术为基础迅猛发展起来的新媒体已经成为当下时代新闻宣传和生活娱乐领域的新锐工具，成为与电视、报纸、广播等传统媒体并驾齐驱，甚至大有超越之势的媒体类型。其最鲜明的特征、最大的优势在于以互联网技术为支撑，造就了其即时性、虚拟化和去中心化，这大大迎合了以青年大学生为主要群体的网民的口味。适逢国家层面重视互联网发展和融媒体格局构建，网络意识形态安全的课题也随之成为时代课题。生活在新媒体盛行的时代，作为高校思政教育工作者，关注大学生价值观动态、引领网络思潮、维护网络意识形态安全是时代责任与职业使命。因此，借课题研究契机，我们的研究团队在查阅大量文献资料、深入学生调研、数据统计分析、经验智慧借鉴基础之上出此拙作。本书共六章，燕山大学的王强负责第一、二、五、六章和第四章的一部分，贵州电子科技职业学院的安春芳负责第三章、第四章（第二节一、二部分以外）部分，燕山大学的曾慧副教授负责统稿。在撰写过程中数易其稿，最终于 2021 年 12 月完成初稿。本书的特点如下。

一、包含内容系统全面、可读性强

本书较为系统地梳理并构建了新媒体、核心价值观为中心的价值观和以网络意识形态为主的意识形态理论实践内容体系，在借鉴国内外学者研究成果和深入研究分析的基础上，提出了网络意识形态安全策略，以期为高校宣传思想工作者和政府意识形态主管部门提供借鉴和参考。面向读者群体相对较广，有较强的可读性和借鉴价值。

二、面向时代和思政教育所需

当前受网络信息和多媒体技术影响，社会价值观多元多样多变，各种社会思潮交流交融甚至交锋，大学生价值观也受到极大的影响和冲击。如何实现对大学生的思想引领和价值引导，保持价值观正向发育，扣好人生之扣成为当下政府和高校教育工作者面临的时代之问，本书面向此需求开展研究，希冀有所成果。

三、具有很强的针对性和实效性

针对新媒体盛行背景下的网民，特别是大学生群体价值观变化趋向和特征，本书在深入剖析其诱变根源的基础上，提出了一些有针对性的应对策略，倡导以社会主义核心价值观，确保高校大学生价值观整体正向，维护网络意识形态安全，确保高校思想政治教育工作成效。

在此，对燕山大学及相关部门领导对于本书的支持和付出表示衷心的感谢。因作者水平有限且成书时间较为仓促，难免有不足之处，恳请广大同人批评指正。

王　强

2021 年 12 月于燕园

目　录

第一章

新媒体背景下大学生价值观新表征

第一节　新媒体

一、新媒体的内涵、特征及分类

（一）新媒体的内涵

“新媒体”（New Media）最早见于20世纪60年代末，由美国人首次提出，最初见于商品开发计划，随后在世界范围内逐渐使用开来。国际相关机构将其定义为网络媒体，即“以数字技术为基础，以网络为载体进行信息传播的媒介”[①]。相对电视、电影、报纸等传统媒体，互联网、电邮、“两微一端”等新媒体，以网络信息技术和通信技术为技术依托，产生了相对固定且海量、以青年为主体的受众群体。新媒体成为人们交流沟通、获取信息、学习娱乐等的重要方式。

一般意义上讲，新媒体主要包括计算机网络在传播方式、作用影响等途径与传统媒体显著不同且有着很大传播优势的信息传播系统。新媒体因领域不同有着不同的划分。

（二）新媒体的特征

新媒体，顾名思义，与传统媒介相比其“新”字体现在实时性、数字化、互动性、虚拟性、网络化、模拟性、去中心化等特征，形成了交互与即时性、海量与共享、多媒体与超文本、个性与社群并重共存的特征。

---

① 陶丹，张浩达．新媒介与网络广告 [M]. 北京：科学出版社，2001.

（三）新媒体的类型

新媒体虽为新生媒体类型，但其发展速度和存量在短期内已具相当规模。网络、移动和数字型新媒体是主流，其依托基础是以网络信息技术为主要代表的通信技术等；其中，移动新媒体因具有便携、门槛低等特点而备受青睐，越来越多地占据新媒体市场；数字技术是新媒体实现创新的突破口和引擎。

二、新媒体的国内外研究现状

（一）国外研究现状述评

新媒体起源及相关研究均源自美国并成为研究热点。新媒体是随着历史和时代发展而呈现不同特色的技术范畴概念。自美国高戈德马克首次提出新媒体概念后，受到了美国多方位的关注。有美国学者认为：新媒体形成了新技术的系统集成、智能化、自动化等特征，使新媒体具备了虚拟、交互、实时等功能；从其社会价值来看，美国初期研究成果认为新媒体的投入与使用对社会发展和信息共享、便利生活等都起到了较好的助推作用。

关于新媒体的研究，国外已相对成熟。美国学者尼葛洛庞帝是较早进行相关研究的，他的《数字化生存》一书是与新媒体及信息技术相关的代表性著作；马克·波斯特专注于人与机器的关系研究，认为新媒体将极大地改变人们的交流方式，导致人们身份的再定位，集中体现在其《第二媒介时代》中；美国保罗·莱文森在《手机：挡不住的呼唤》一书中对手机功能的介绍显示出新媒体已成为热点，人们表现出对新媒体的很大关注。随着新媒体的发展，相关教育也越来越受关注。英国是最早开展媒介素养教育的国家，早期的研究是就媒体给青少年等群体造成的消极影响等方面而开展的。以英国为代表的一些发达国家经过多年的研究在媒介素养教育领域获得了丰硕成果，这些国家对于媒介素养教育很重视，并将其纳入学校的教育课程体系。相关国家认为，媒介素养的教育目的在于培育具有主观能动性的相关媒介技能人才，进而产生更多样化的信息传播共享工具。此外，其他一些国家相关研究人员从其他方面来理解与定义媒介素养：对各种媒介信息进行认识、把握、生产、思辨等能力。有的研究者认为未来媒介素养教育将向着多元化方向发展，主张多种教育形式和体制融合，教育和引导学生在媒体生活中获得成长养分和正向发展能量。

国外新媒体相关研究呈现以下特点：关于新媒体定义，主要是从纵向层面或横向层面定义，两者的共性在于动态性、即时性等特征；倾向于新媒体对社会影响的整体研究，聚焦于新媒体对于人们生产、生活和思维方式的影响；数字媒体的迅猛发展同样给媒体素养教育带来了新命题，全民媒体素养教育也逐步纳入大部分国家的教育体系。因不同国家、民族间政治、经济和历史、文化的不同，在国外还不存在高校思想政治教育的相关概念，但国外新媒体及相关领域的研究，可为我国新媒体时代加强和改进高校思想政治教育提供借鉴和参考。

（二）国内研究现状述评

关于新媒体与高校思想政治教育相关研究，国内已有诸多研究成果。近年来互联网的飞速发展给学界带来了一股研究网络思想政治教育的热潮，形成了一批富有成效的研究成果。以“网络思想政治教育”为主题进行检索，自蒋宏的《强化网络宣传信息管理》至2021年7月6日，相关文献共有3200余篇；据粗略统计，高校网络思想政治教育相关论文共有1400余篇。

1. 新媒体内涵、外延及其分类

国内对于新媒体的研究丰富多元，以网络信息技术为主要代表的新媒体构成了我国的新媒体生态。关于新媒体早期的研究成果多侧重于新媒体的定义、特征及影响等内容的研究。有学者主张：从内涵上，新媒体是指在科学技术迅猛发展的条件下，信息传播量度、速度和方式等方面发生巨大革命，形成与传统媒体对比巨大的新型媒体；在外延上，依据信息传送形式，新媒体可分为网络媒体、广播媒体、电视媒体、点对点媒体。随着通信和信息传播技术的迭代发展，有学者将IPTV等新技术支撑下的电视划为新媒体范畴；还有的学者认为网站、搜索引擎、虚拟社区、电子邮件、网络文学和网络游戏等也应划归为新媒体；还有的将其定义为“相对于书信、电话、报刊、广播、电影、电视等传统媒体而言的依托数字技术、互联网络技术、移动通信技术等新技术向受众提供信息服务的新兴媒体”。

综上，关于新媒体内涵与外延的定义是动态变化的，虽然在不同的时期增添了不同的新内容，但学界在基本面上已有相关共识：新媒体是不断变化的技术性概念，其外延在不同的发展阶段会发生相应的变化；新媒体概念的内涵历经历史发展也逐渐丰富。因此新媒体和网络媒体不能画等号，它们是包含与被包含的关系，网络媒体是新媒体的典型代表和组成部分，明确新媒体概念内涵、外延及分类，对提高思政教育层次质量具有重要意义。

2. 新媒体的特征研究

学界对新媒体特征研究聚焦于开放性、互动性、虚拟性、网络化、模拟性、即时性、去中心化等。有学者认为新媒体具有超媒体性、个性化信息服务、虚拟信息传播等特点①；有学者主张：新媒体传播的“泛化”特点与传播主体各属性的泛化密切相连。新媒体传播等特性在很大程度上影响着广大青少年，特别是大学生的思想价值观状况，开辟了思想政治教育工作的新阵地、新场域。目前主流研究观点认为，新媒体与传统媒体不是替代而是迭代的关系，新媒体是对传统媒体的补充和延伸。

3. 传统媒体与新媒体的差异

传统媒体和新媒体在外在表现和对受众的影响方式上差异巨大。有学者认为前者更多地呈现出单向传播，大众只是信息的被动接收者；后者多以网络技术为基础，具有“去中心化”“主体平等化”和“话语平权”等特点，大众由原来的信息被动接收者变为兼具信息制造者、传播者等多种角色。

思维方式上，两者定位和面向对象有较大的不同，传统媒体侧重通过劳动密集型的信息供给获取经济利益，新媒体更擅长于为民众提供便利，改善受众体验。新媒体也为增强思想政治教育实效性提供了新的思路，单纯“填鸭式”的传播方式与大学生的思想教育引领相去甚远，而新手段、新媒体传

① 宫承波 . 新媒体概论 [M]. 北京：中国广播电视出版社，2009.

播却产生了较好的教育成效。传统媒体和新媒体在信息传播和共享上形成优势互补格局，而形成新的传播生态和融合格局还需要更深入的探索。还有学者认为新媒体加剧了传统媒体传播盲点的不利影响，缺乏创新、墨守成规成为传统媒体传播力受限的重要因素，其重单向宣传而轻互动交流。鉴于新媒体的传播特点，新旧媒体在信息共享和传播方式上各有侧重且优势互补，两者长期共存大概率会成为今后一段时期的常态，但实现迭代而不是取代的和谐共存还需进一步探索实践；有的学者也在新媒体传播的价值观引导方面主张要积极应对和解决"新旧"衔接问题，社会管理方面也要创新新媒体管理措施手段，在媒体融合发展上还需要开展深入的理性探索；有学者的研究成果重视新旧媒体的关系与发展策略、媒介融合，但认为对新媒体负面效益以及媒介融合的反思和质疑也应成为学界研究的关注点；有的学者理性分析了盲目主张所谓媒体融合的发展前景未必理想；还有的利用分化论分析认为：不要融合而是竞争，实现差异化。这在新媒体时代思想政治教育媒体应用等领域需要正确理解、把握和对待。

综上，学界对新旧媒体关系的探究和阐释尚未成熟，仍需要进一步完善和发展。

4. 新媒体对高校大学生的影响

第一，新媒体是青年大学生在学习研究和生活娱乐等方面的重要工具，以便捷的使用、丰富的内容等诸多优势受到了大学生群体的欢迎，成为大学生重要的"亚器官"，因此新媒体对大学生的影响是高校思想政治教育研究方面应考虑的必要因素。2021 年 2 月 3 日，中国互联网络信息中心发布的《第 47 次中国互联网络发展状况统计报告》显示，截至 2020 年 12 月底，我国网民中学生占比最多，为 21.0%，这部分网民中具有大学及以上学历的占比 19.8%[①]。

新媒体功能丰富便捷，形式活泼，以极大的魅力吸引和征服了大学生，成为这一群体获取知识、表达个人意志和人际交往的重要方式。他们在网络空间的表现充满了无限的活力和激情，对网络的钟爱和使用在各类群体中占

① 中国互联网络信息中心 . 第 47 次中国互联网络发展状况统计报告 [EB/OL].（2021-02-03）. https://www.cnnic.net.cn/hlwfzyj/hlwxzbg/hlwtjbg/202102/t20210203_71361.htm.

据鳌头，特别是在游戏娱乐、交流通信、知识获取和应用方面，他们如鱼得水，在搜索引擎、网络新闻、音乐和视频利用等方面更是使用体量巨大。而很多青少年网民的参与对网络娱乐、文化及移动网络推广都产生了重要影响。所以对青少年群体上网行为的研究十分关键和必要。

第二，大学生思维方式因新媒体而日趋个性多元。新媒体时代，借助于网络信息传播技术，网民思想价值和物质生活生态得以便捷地交流展示出来，大大拓展了参与主体面，降低了参与成本，实现了大学生学习和思维方式的巨大变革，促进了大学生学习和生活的多元化趋势，同时也更加凸显了大学生价值观的多元、自由和个体化特征。鉴于此，有学者主张可利用网络、微博、应用软件等，助力大学生交往沟通的便捷化、广泛化。在一定程度上讲，新媒体塑造了网络时代大学生的交往人格和方式，在大学生思想追求多元和个性培养方面具有更加深厚的现实土壤。

第三，新媒体的“双刃剑”作用。有学者认为新媒体很大程度上满足了大学生的生活娱乐需求，但其虚拟性、互动性等特征产生了人际隔阂与信任危机，对新媒体认知存在缺陷以及因对新媒体过度依赖而产生了种种问题；还有学者深入剖析了新媒体对大学生思想、学习、生活方式带来的显著变化，及造成大学生价值观变化的深层原因：层次水平与接受力吻合、动力与需要一致、精英意识与话语权阅众分享衔接。

第四，“去中心化”传播模式对大学生的影响。有学者根据相关研究调查结果认为由于大学生群体特性，新媒体对大学生群体的影响相对其他群体要大得多，因而提出新媒体在高校中的普及对正常的教学秩序造成了一定程度的冲击等，这些观点对高校思想政治教育研究有着重要的作用。

三、新媒体的传播特点及其意识形态功能

（一）新媒体传播学特征介绍

网络信息技术的高度发展和成熟是现代社会的特征，互联网最初由美国

创造，并应用于军事领域，在延展到商业领域后开启了向社会生活方面转向的进程，进而逐步形成了“信息高速公路”的基础设施，之后网络信息技术得到迅猛发展，由美国扩展到世界其他国家，对世界发展起到了巨大的助推作用，实现了人们生产生活乃至思维价值观的巨大变革。相对于传统媒体，新媒体以其显著优势被誉为“第五媒体”。新媒体表现形式多样、交流便捷、途径广泛、适应性高、精准到达、性价比高、推广方便等特点发挥了巨大的应用价值。新媒体融合了科技发展、传播及大众接受信息方式的转变，消解了大众对于传统媒体的黏性。新媒体以“碎片化”“便捷性”“即时性”“互动性”等特征赢得了对传统媒体的比较优势，新媒体的这些特性让受众兼具消费者和生产者的双重身份，在很大程度上提高了受众的选择积极性、目的性和个性化，形成了富有吸引力和黏性的供需格局，让新媒体的交互性、即时性、海量性、共享性以及多媒体与超文本个性化、社群化等特征得到凸显。

1. 数字化

作为新兴技术的代表之一，数字化赋予了新媒体独特的优势。数字化是信息传播的高级表达和必然趋势。有学者认为：“现代信息技术的突飞猛进必然将改变人类的工作、学习和娱乐方式，即人类的生存方式。”① 新媒体以全面数字化过程和技术方式开展生产、分配与储存的过程来实现其传播模式的落地。

2. 互动性

众所周知，传统大众媒体一般采用单向传播模式，而新媒体创新性地采取互动式传播，增强了双方间的互动性。新媒体凭借先进技术，实现了网络信息资源的无门槛、无障碍共享。网民兼具信息接收者和传播者角色，这种双重身份使得受众可以即时交流。

3. 个性化

新媒体凸显了信息传播与受众影响的个性化。以网络信息技术发展为背景，在符合用户需求的基础上满足不同用户群体的个性化需求。网络信息传

① 尼古拉・尼葛洛庞帝 . 数字化生存 [M]. 胡泳，范海燕，译 . 海口：海南出版社，1997.

播受众享有平等的获取和操控权，网民可充分利用新媒体工具进行信息选择和个性化信息接收。可以说，新媒体时代是一个彰显个性、满足特色需求的时代，颠覆了传统媒体的“被动接受信息”的状态。

4. 分众性

网络能够满足受众多样化的需求以及市场的细化需求。互联网交互特性促进、引发了受众的深刻分化，其按照新媒体使用者的不同特点将受众归为不同群体并提供精准信息，呈现出小众化传播特点。新媒体拥有大量固定的分受众群体，同时仍然体现出了分众和聚落性。

5. 复合性

网络独特的信息传播方式克服了以往信息传递的弊端，近乎完美地实现了图文声一体化，将多种传统媒体的传播手段集于一身，把各种接收终端、传输渠道、信息形态等整合在一起，既充分体现了其传播形态的多样性，又使得用户能够不受时空限制地接入新媒体网络。

（二）以互联网为代表的新媒体发展现状

传统媒体一般采用单向信息传播方式，鲜有受众互动，这使得传统媒体与受众的联系不够紧密。随着网络信息技术的发展与应用，以互联网为代表的新媒体由于具有良好的互动性、参与性，加速了受众和新媒体的一体化融合，因而在受众心中占有很重要的位置。新媒体与传统媒体一样，是内容传播的一种载体，具有同内容性。目前，新媒体技术相对成熟，以计算机、手机等为软硬件基础的新媒体演变成信息传播的主力军，带动了相关媒介的发展。特别是在通信领域，中国的实力可以匹敌发达国家。

1. 新媒体受众日益增多

当前，新媒体发展的事实印证了对于新媒体的需求为其成长注入了强大动力，极大地拓展了网民等新媒体受众娱乐享受的空间。当前我国网络新媒体普及率已经很高，网络新媒体传播内容和信息数量已远超传统媒体。

2. 新媒体终端高度普及

在我国，任何传统媒体传播形式和成效都无法与新媒体相匹敌。当前我国手机使用量高达 5 亿，计算机、显示器、阅读器有 1.3 亿，流通的电子媒介书籍有 40 多万种[①]。相关的软硬件设备在很大程度上实现了普及，除知识分子人群外，很多群体也都拥有了新媒体阅读终端工具。

3. 新媒体传播内容丰裕

传统媒体相较于新媒体来说，在信息传播方面丰裕度欠缺，根据调查，传统媒体每日传播的信息量仅为网络等新媒体的 25% 左右。互联网的发展为新媒体提供了海量信息存储空间，促使新媒体不断拓展，其市场规模正在逐年扩大。

4. 新媒体平台备受重视

政府在新媒体发展方面制定相关发展战略，着力打造强劲的新媒体发展人才梯队和平台矩阵，为构建新旧媒体协同发展格局创造条件。习近平总书记和党中央多次就包括新媒体在内的融媒体建设提出指导性意见，培育新媒体宣传队伍，建设各级信息传播媒介，建设各种基础性通信设施，深化各类相关基础条件完善升级，推动各种媒体融合发展，构建融媒体发展格局。

（三）新媒体发展面临挑战

尽管新媒体代表媒体业发展前景，从而具有很多优势，但其还是面临诸多挑战：如互联网的迅速发展给信息传播带来全新面貌的同时，网络的健康和安全也成为公众和学界关注的焦点。具体来说表现在如下方面：

1. 技术发展层面

首先，在思想上对新技术尚未达成统一认识，甚至对于一些先进技术怀有抵触情绪而缺乏足够的研究，加上受众在习惯上更加倾向于传统媒体，而对新媒体的出现感到不知所措，产生适应性障碍和困难。其次，一些媒体的信息化未能满足受众需求。一般来说，新闻出版单位以电子报刊等为主打形式。很多时候出版单位热衷于发展电子传媒，而主流传媒单位缺乏足够的积极性，这种现状无形中给新闻管理体制创新、变革和发展设置了障碍和阻力。

① 中国互联网络信息中心 . 第 47 次中国互联网络发展状况统计报告 [EB/OL].（2021-02-03）.https://www.cnnic.net.cn/hlwfzyj/hlwxzbg/hlwtjbg/202102/t20210203_71361.htm.

此外，在行业技术标准建立等方面还存在着滞后等问题，需要相关领域加大创新研发，为新媒体发展走向现代化提供条件。再次，新媒体以互联网为代表，呈现出量、技等方面的无限发展潜力，客观上往往存在着信息发展规划与实际体制机制的不相容之处；各自为政，缺乏统一标准，致使信息供需的失衡，总之就是标准不统一，形成一体化发展壁垒，阻碍了融合发展。最后，新媒体管理体制机制亟待创新和进一步发展完善。因认知多元和技术还未完全成熟，加之新媒体管理上存在弊端，因此，建立新媒体管理体制，眼下还处于初步探索阶段。如果管理上出现滞后和不适应，就会延滞新媒体的发展，探究新媒体发展需要在建立完善的制度体系方面下大气力。

2. 新媒体受众素养层面

第一，国内网民规模庞大且不断扩张，分布不均衡。相关数据显示，城镇的网民，特别是发达地区的网民构成了国内网民的主体，这些都加剧了知识、信息间的鸿沟。第二，网民层次水平不一、高下不平。在网络空间，网民拥有相对自由的意见发表权，也出现了一些互联网乱象，以至于出现了少数专注于搜罗他人隐私、制造传播谣言、扰乱网络空间秩序的不良行为。第三，信息质量泥沙俱存。在虚拟空间，虚假、低俗、暴力、黄色等信息严重影响了文明网络空间建设。网络新媒体对社会生活的方方面面都产生了史无前例的影响，越来越多的个体逐步发展成为网民，兼具信息的消费者和使用者的双重身份，很多时候都会不自觉地主动参与其中，成为信息的生产者与创作者。网络新媒体发展呈现出新形势新特点，急需强化思想引领力、掌控舆论领导力，这样方能充分释放网络新媒体的特有活力。

四、新媒体的地位与未来发展预测

当前，在我国以互联网为代表的新媒体还处于快速发展的初级阶段，也还存在着一些问题。要实现新媒体在现代化国家建设中的促进作用，就需要法律法规、管理体制和支撑资金的配套跟进，促进和加强对新媒体监管体系和能力的现代化、科学化，不断规范新媒体的行为。首先，抓住管理重点。

因新媒体应用广泛，故在管理方面需抓住主要矛盾。其次，促进运行科学化、高效化。需要适应新的事物、创新管理方式，实现对网络等新媒体的科学管理。通过强化职责和落实责任，为新媒体创造良好的发展土壤，同时为社会和谐文明提供信息传播的强有力工具。

第二节 大学生价值观特征

一、价值观及其结构

改革开放以来，关于价值理论及价值观等方面的研究逐步受到学界重视；20世纪90年代，随着国内改革开放的纵深推进，国际格局发生重大变化，全球化进程加速，以通信、新媒体为代表的科技领域也发生了革命性的变革。受此影响，民众的价值观也随之发生悄然而深刻的变化，思想和价值观多元冲突趋于尖锐，传统价值观受到极大的影响和冲击，价值观引领作用和主导地位也受到严峻威胁。面对思想的多元多变和多样以及价值观的交流交融甚至交锋，价值观问题愈加受到党和政府的重视，学界也应时代潮流和社会之需，纷纷涉足价值观等相关领域。特别是在十六届六中全会确定了社会主义核心价值体系的内涵及建设方向后，引发了社会的广泛关注和学界的研究热潮，有关社会主义核心价值观等的研究成果呈井喷之势，大大拓展了价值观问题研究的广度和深度。

（一）价值观结构剖析

目前学界对价值观的研究已取得了丰硕成果，如对其基本内涵的认知已趋于一致："价值观是人们关于价值本质的认识以及对人和事物的评价标准、评价原则和评价方法的观点的体系。"[①] 亦即，价值观相对于真理和客观规律，具有一定的主观性。价值观既是衡量优劣的准绳，又是人们日常活动的行动指

① 马克思主义基本原理概论编写组 . 马克思主义基本原理概论 [M]. 北京：高等教育出版社，2018.

南。价值观是社会文化的核心和精髓，因此不同文化间主要表现为价值观的差异，这些文化的冲突也因此表现为价值观的博弈。按照指导人们行为所产生的效果分类，价值观主要归为两类：科学价值观与歪曲的价值观。前者能够引导人们采取理性平和的态度面对学习、工作和生活，后者往往赋予人的头脑以错误的思想观念。看待一种价值观的科学与否、是非正误，本质上要看它所主张和反映的主体利益及相关诉求是否符合事物发展和社会前进的方向与节奏。平时所提的价值观是“三观”之一，世界观是价值观的前提和基础，有科学的世界观才会有正确的价值观；而人生观是价值观的重要组成内容，价值观对人们观察审视和认知生活、协调人际关系等各方面都有重要影响。“三观”共同作用于一个人的观念和行动，因此“三观”教育是一个基础性教育。

对于个人价值观而言，有的价值观居于核心地位，指导和制约着其他各种价值观；对于整个社会价值体系而言，有的价值观居于主导地位，它对整个社会的价值取向和价值判断起到指导和制约作用，其他价值观对主导或者核心价值观形成外围“保护带”。本书认为可将社会价值观划分为以下几个层次。

1. 主导价值观和非主导价值观

每个不同的社会形态先后或交替占据着主导地位，在理想信念、价值理念和道德观念等方面起着引领作用，拥有深厚的群体认同力量，是人们普遍认同和践行的价值标准，为思想行为提供最具说服力、影响力的原则和指导。主流价值观具有反映人们意愿、顺应时代潮流特征的优势，因而能够发挥更具影响力、吸引力的社会导向和凝聚作用。若主导价值观缺位或失能，整个社会可能会呈现道德失范、文化失衡、社会失信、人文精神失落等颓危态势，因此必须确立社会的主导价值观并以这种强大的“软力量”充当好社会稳定的“压舱石”“稳定器”，实现维持社会意识形态和秩序安稳的功能。不占主导地位的价值观，有的与主导价值观取向基本一致，能够对主导或核心价值观起到促进和辅助作用，要适当引导鼓励这类价值观的发展；还有的与主导或核心价值观念相悖，其对核心价值观产生消解和抵触作用，应关注并采取适当措施进行防范，努力抵御不利因素的消解限制作用。

2. 理想价值观和一般价值观

一般意义上讲，理想价值观是大众共同的价值观，但囿于社会发展阶段和生产力发展等客观因素，理想价值观在当前还难以成为人们普遍践行的行为指南。如不顾实际情况而盲目地将其作为唯一正确的价值观加以宣扬，就有可能因不切实际而预期成效堪忧。因此应从实际出发，鼓励人们对于一般价值观进行理性理解和认同，如爱国主义、集体主义、社会公德、家庭美德等。

3. 公共领域价值观和私人领域价值观

不同领域有不同的价值观，如政治观、道德观、劳动观是社会公共领域价值观；如审美观、职业观、生活观等可理解为私人生活领域价值观。从维护国家治理或社会秩序角度来讲，公共领域价值观应作为重点来发展传播。在保障社会的和谐与秩序方面，公共价值观是权威和主要的；而私人价值观追求多元多样化发展，也同样有利于丰富社会生活。

（二）价值观类型分析

1. 价值观内容取向

价值观的内容取向是从内容角度来分析研究价值观结构的。有国外学者将价值观分为认知的、道德的、经济的、政治的、审美的和宗教的[①]；还有的将价值观分为理论的、经济的、审美的、社会的、政治的和宗教的六种类型[②]。国内学者大多认同并沿袭这种分类，如：黄希庭将价值观分为政治的、道德的、审美的、宗教的、职业的、人际的、婚恋的、自我的、人生的、幸福的等十种类型[③]，中国社会科学院社会学研究所“当代中国青年价值观念演变”课题组将价值观分为生活价值观、自我价值观、政治价值观、道德价值

① Perry B R.General Theory of Value[M]. Cambridge：Harvard University Press，1926.

② Allport G W，Vemon P E，Lindzey G.A Study of Values[M].Boston：Houghton Mifflin，1960.

③ 黄希庭，郑涌，等 . 当代中国青年价值观研究 [M]. 北京：人民教育出版社，2005.

观、职业价值观、婚姻和性价值观①。具体内容取向的价值观结构具体、直观，但往往很难涵盖所有的价值观类型。

2. 价值观维度取向

维度取向对价值观具有更高的概括性。外国学者首次提出价值观分为两个维度：终极性价值和工具性价值②。有的学者将价值观划分为个人目标、行为方式和社会目标③，还有的学者认为价值观按照一定的划分标准可分为手段、目标和规则层面的价值观。目标价值观亦可为个人性、社会性和超然性目标，手段价值观在内容上可理解为知识努力、智慧机遇和人格品质取向，规则价值观分为法律规范取向、舆论从众取向和道德良心取向。上述学者大都将价值观分为少数高度集中的类型，但实际上这些类型还可分为有更为具体、直观的价值观类型。

3. 价值观系统取向

系统取向是把价值观结构中的不同价值观类型视为一个连续的系统。国外有学者将价值观分为权利、成就、享乐主义、刺激、自我导向、世界主义、仁慈、传统、遵从、安全等价值观类型④。它们之间不是孤立的，而是相互间组成了具有内在联系的价值观体系。

这三大取向作为价值观发展的三个阶段和不同呈现，也是一个将价值观以不同的角度进行解构、整合、重构的过程，对于价值观的整体理解起到了重要的铺垫作用。

---

① 中国社会科学院社会学研究所 . 中国青年大透视——关于一代人的价值观演变研究 [M]. 北京：北京出版社，1993.

② Rokeach M.The Nature of Human Values[M]. New York：Free Press，1973.

③ Britewaite V A，Law H G. Goal and Mode Values Inventeries[C]//Robinson J P，Shaver P R，Wrightsman LS（EdS.）.Measures of Personalibty and Social Psychological Attitudes. San Diego，CA：Academic Press，1990.

④ Schwartz S H，Bilsky W. Toward a Universal Psychological Structure of Human Values[J]. Journal ofPersonality and Social Psychology，1987，53（3）：550-562.

二、价值观与核心价值观的区别与联系

如前文所述，价值观是对价值的本质把握及对评价标准、原则和方法的观点集合，形成了与世界观、人生观相贯通的体系。按照先进与否，其有理性与非理性、科学与非科学之分。

一般意义上讲，价值观是评判应然与否的基本观点，也是区分是非、善恶、美丑等的主客观内在统一的定准。价值观引导和规范着人们的日常行为。行为因价值观相异而不同，乃至产生天壤之别。在同一价值观指导下的行为取向也会因个体差异而迥异。比如：屠呦呦利用生物化学知识研究青蒿素来治疗疟疾，挽救生命，为人类造福，而有的人却利用生物化学知识制造毒品，危害社会。中国共产党所信仰的马克思主义坚持正确科学的评判标准，马克思主义所主张的价值观以绝大部分人的利益为出发点，为人类造福。

优秀文化是一个国家的精神财富。核心价值观是一个民族和国家的精神追求与评判是非曲直的价值标准，以社会主义核心价值观为代表的中国特色社会主义文化是我们最深厚、最持久、最深沉的力量。党的十八大针对建设什么样的国家、社会和培育什么样的公民、确立什么样的价值导向等根本问题作了体系化回答，提出了社会主义核心价值观。在全社会广泛培育和践行的社会主义核心价值观，是引领我国经济政治文化社会等各方面发展的主旋律和战略举措。

三、社会主义价值观体系构成及内在联系

系统论观点认为：系统是具有一定结构、组成要素间具有相互影响作用的有机整体。社会主义价值观体系也属于意识形态观念体系范畴，也适用于此原理。有观点认为：“每个社会的价值观体系都是一个复杂的系统，在这个价值体系中，有些价值观处于主导地位，有些价值观处于从属地位，由此就区分出一个社会的核心价值观与非核心价值观或一般价值观。在社会主义价值观体系中，也存在着社会主义核心价值观与非核心价值观或一

般价值观的区别。”[①] 普遍意义上讲，价值观体系包括核心价值观和一般价值观。社会主义价值观体系可进一步区分为三个层次的价值观内容，具体内容如下。

（一）社会主义基本价值观

关于社会主义核心价值观的研究讨论已持续近20年，在中共十八大之前，学界和社会对于核心价值观观点不一，并未达成明显共识。十八大以后，虽形成了权威表述，但仍存在完善和发展的空间。核心价值观的研究如此，对于社会主义基本价值观的界定也并未统一，包括马克思主义者在内的理论研究者很少提及这个概念，但并非不存在。如有学者认为："一个社会的本质、特征和理想追求集中表现为该社会的基本的价值观念和价值取向。……民主、富强、公正、和谐和自由是中国特色社会主义最基本的价值观。”

本书认为社会主义基本价值观是反映社会主义本质属性及其主要特征的价值判断和取向的范畴。在马克思主义经典作家眼里，这能够揭示其本质属性和特征因素，遵循着客观科学的认识论、实践论和辩证法视角，例如：欧文等空想社会主义者把“公有制、集体劳动、按劳分配或共享劳动成果、实行广泛群众民主或自治管理、形成互助和谐的人际关系”等作为原则进行了社会主义的理论探索；而马克思主义者站在历史唯物主义的视角，透视了社会主义的本质及其发展规律，并在深入研究的基础上将其概括为“公有制、按劳分配和计划经济”。在中国改革开放过程中，邓小平同志根据我国建设、改革和发展的实践，以巨大的政治勇气和历史魄力敏锐地提出社会主义本质、原则、任务、目的等体系化、理论化认识，在此基础上指引中国人以全新的视角来观察时代、分析事物、思考问题，对物质和精神世界的规律进行更高层次的探索和把握。在相关理论成果中，公有制、按劳分配、共同富裕等理念原则被认为是当前最能反映对社会主义本质属性和特征概括的理念原则。

① 卫建国．社会主义核心价值观与一般价值观的区别在哪 [N]. 光明日报，2011-02-14（011）.

（二）社会主义一般价值观

社会主义一般价值观是指社会主义政治、经济、文化、社会等各相关领域及对社会生活各方面的具体价值判断和取向。从马克思主义理论视角来看，社会主义一般价值包括三个主要方面：它是社会主义的本质要求和内在属性；它根植于客观社会，服务社会发展所需；是社会主义基本原则的丰富和衍化，是对人类优秀文化成果的传承创新，如平等互助、民主文明、人与自然和谐共生等。涉及方面广泛，如经济、政治、文化、军事、外交、民族、宗教等领域都是它的辐射范围；具有高度的发展性，在不同的历史阶段和时期，有的旧价值观念不再适应新形势发展而逐渐消亡，还有些新的价值观念开始逐步流行和发展起来。

在空想社会主义者眼中，社会主义一般价值观的基本原则仅仅存在于不切实际的想象之中，尽管如此，因其具有合理性和发展性，仍然能够随着时间的推移构成社会主义一般价值观的元素。马克思主义经典作家在社会主义一般价值观方面的阐述并不多，源自以下方面的因素：一方面，马克思主义经典作家更关注于资本主义的研究，在揭示以剩余价值为核心的资本主义生产方式及其发展规律方面不遗余力，而对于社会主义的一般价值仅作原则性的论及；另一方面，囿于时代条件和客观因素，马克思、恩格斯还没有开展社会主义建设相关的理论转化实践，因而关于此方面的研究内容较少。

随着社会主义运动的发展，特别是以中国为代表的社会主义国家的丰富实践，社会主义一般价值观相关实践和研究也逐步丰富起来，总体上看，有的是一些领袖人物对具体社会现象和问题的思考，其中也包含了个人“极左”或改良主义思想；也有的是马克思主义在西方国家的嫁接式发展和孕育；再有即在各国建设和发展实践基础上的经验总结和教训反思。

特别是，在新中国成立后，中国共产党带领中国人民对什么是社会主义和怎么建设社会主义这个根本问题进行了艰辛曲折的理论摸索和实践探究，产生了相对较多的物质成果和体系化的理论成果与精神财富。具有代表性的如：富强民主、改革创新、自由平等等正确的价值取向，也存在着市场经济就是资本主义、阶级斗争一抓就灵、大锅饭、以言代法等错误价值选择。兼具科学社会主义的基本原则和具有中国特色的时代化价值观成为社会主义一般价值观的重要内容。

（三）社会主义核心价值观

核心价值观的显著特征有三：第一，它是一定社会意识形态的核心价值，作为社会价值观的基础而发挥主要作用；第二，它具有一定的客观性，不随时代、社会的发展而变化；第三，它更多关注的是精神层面而非制度，它反映的是人们的精神诉求。一定程度上来说，社会主义价值观体系中的核心价值观，其追求的就是社会、共产主义等人类最高层面的价值追求。

当前世界上流行较多的是西方价值观，一般能够很容易提及并为民众所熟知，比如被概括为“自由、平等、博爱、民主、人权”等，但是社会主义核心价值观因历史原因和主观原因在世界价值观话语体系中反而没有多少话语表达亮点。回顾社会主义发展历程，欧洲关于空想社会主义的相关论述很多，但却并未明确提出社会主义核心价值观。社会主义理论中，马克思主义经典作家关于科学社会主义的研究尚未直接涉及社会主义核心价值观概念，在随后的历史发展和社会实践中，不断丰富和发展了社会主义理论成果和精神宝库，但是关于社会主义核心价值观却鲜有提及。原因何在？本质上说，作为核心层面的价值观与其他层面的价值观不同，其社会属性深藏于纷繁芜杂的社会体制机制和社会活动现象之下，决定核心价值观的关键因素到底是人还是制度，尚需进一步研究探索。因此，资本主义核心价值观已然在先，再概括凝练出更多其他的社会主义核心价值观具有一定的挑战性。而当代中国共产党人坚持道路自信、理论自信迎难而上，在对我国社会主义实践进行总结的基础上，创新性地提出了包括社会主义核心价值观在内的各种精神价值体系等理论，中国共产党人高度的理论自觉、创新精神、历史使命感，这些都为社会主义核心价值观的培育和践行以及积蓄民族精神财富创造了先决条件。

社会主义基本价值观是在社会主义价值观体系中处于基础层面的价值观，

是区分社会主义与其他社会形态价值差异的关键标志；社会主义一般价值观是处于中间层面的价值观，它是在社会主义基本原则和基本价值观基础上的价值理念集合体；社会主义核心价值观则是位于核心地位的价值观，寓含着人类的最终的价值追求和理想目标。这些不同层面的价值观构成了社会主义价值观体系，它们是一个有机联系的整体。

四、大学生价值观变迁

青年大学生的价值观备受关注，这一群体的思想价值观演变经历百年沧桑，不断发展变化，在不同时期受不同历史事件及社会文化民俗影响而呈现出诸多特点。

（一）大学生价值观历史变迁及特点

1. 价值观批判与分蘖期（1978—1984 年）

转变一：由抽象自我向具体自我的转向。在思想僵化、迷信盛行的年代，“人”的重要性被忽视和边缘化，特别是在极端崇拜和集体非理性化的氛围下，人在很大程度上失去了主体性，导致了政治“异化”灾难，在此环境下，社会结构和价值观都呈现出高度的一元化，积极性、主动性和创造性的释放与激发成为改革开放前的迫切需求。思想解放为人的主体意识激发、活跃提供了相对自由的空间，指出要兼顾国家、集体、个人三方利益，提倡既鼓励集体也容纳个人目标，形成一种逐步转向关注重塑主体的价值趋向，不同层面的价值观不断丰富而多元。

转变二：由重义轻利向重义言利转变。改革开放前，全国大学生价值观受历史和时代因素影响主要坚持集体主义本位，呈现出个人为国家、为社会的倾向，鼓励和提倡为国家和社会多作贡献、先人后己的奉献取向。十一届三中全会掀起了覆盖全社会的改革大潮，引发了大学生对人生意义和价值的重新思考，由此对于集体利益的追求趋向逐步走向消解，个体利益追求趋势逐渐显化。高校大学生群体也开始出现思想和价值观的分化与多元趋势，体现在：一方面，主张国家和社会对个人价值的重视和对利益追求的认可，以及倡导“义”中有“利”；另一方面，对更多利益的希求与占有。也有人主张合理利己主义并无过错，当时大部分大学生还能以国家和社会大格局、大利益为重，结合时代背景和学习实际，从平衡集体和个人利益到兼顾个人和集体关系的同时，开始关注个人利益的趋势发展。

转变三：自我和个人价值成分增加。在思想解放前，整体层面的价值目标是“大公无私”“个人服从集体”“只有集体才有个人”等浓厚的集体主义利益观；改革开放之后，大学生群体结合自身实际反思并发出注重个人价值的时代诉求。特别是“关于真理标准问题”的大讨论和“潘晓来信”的讨论引发了全国人民特别是大学生个体意识的重大思考，提出“社会应重视人的价值，集体应重视个人价值，人应自觉地按照社会需要提高自我价值”[①]。在个人价值实现方面，为充分挖掘个人的积极性和潜力，有人主张应当坚决反对对个人价值的忽视，更多地倡导两者价值的合一。

转变四：由整体转向集体与个人并重。伴随着经济社会的发展和改革的全面深化，多数大学生在注意从集体利益出发，展现大局意识、整体价值观的同时，更加重视对自我价值实现的关注。在个人奋斗为国家和社会奉献的同时实现个人价值，个人只有在奉献社会的同时才能实现个人价值。在主流价值观明确的同时也存在着强调个人主义、利己主义等的声音，少部分大学生着重强调要以市场经济的互利原则来考虑个人、集体和他人之间的关系，在价值观上呈现出庸俗化态势。

2. 价值观多元与冲突期（1984—1992 年）

表现一：价值观多元分化。在这一时期，随着改革开放的逐步深入，中国社会开启了更大范围、更深层次的社会制度机制转型，西方思潮和价值观因思想解放大门的打开鱼贯而入，大学生价值观受到很大的冲击。传统价值观念兼收外来思想，新的价值观倾向在比较中逐步生长，呈现出“时空压缩、多元并存、新旧并举”的特点。换而言之，传统价值观念、计划经济时代价

① 郭楠柠 . 潘晓讨论的前前后后 [J]. 当代青年研究，1994（2）：27.

值观念、“左”倾思想等价值观念、西方价值观和实践产生的新兴价值观念同时并存。传统价值观一直占据重要地位，在价值观内容上，有的重视传统价值观，有的崇尚西方价值观并以之为标准指导言行；在价值取向上，对义利观、理想现实的关系，不同的人有不同的选择。价值观的多元化既给大学生以多样性的选择，也带来了价值观选择的困惑、混乱甚至误区。

表现二：价值观冲突凸显。在理想与现实的对比反差和多元多样多变的思潮中，当代青年大学生在价值选择上处于“眩晕期”，价值观之间也出现了交流交锋等情况。价值观的较量及分歧体现在：一是社会主导价值观和大学生个体价值观自主选择间的冲突。因多元价值观的交流交融交锋和社会主流价值观的主导整合功能还有待提升，因此价值观整合程度还不算高，这在一定程度上也印证了大学生群体价值社会化与功利化之间的冲突。社会化主张引导人们崇德、奉献和无私，而世俗化则鼓励个人利益优先，鼓吹人性及时享乐，在一定程度上导致了大学生价值观、生活观的歪曲。二是大学生个体多维价值取向和价值评价标准之间的冲突，这在很大程度上外在地表现为价值认知与价值行为之间的矛盾。生活中往往存在很多价值选择方面的矛盾，如：在“收入”“声望”和“自我表现”等不同倾向上出现摇摆、徘徊。

表现三：价值世俗化倾向渐显。在一定意义上讲，改革的本质就是国家社会对利益、资源的再分配和新调整。改革开放的大潮在促进生产力提升和物质财富丰富的同时，也给人们的思想观念和价值观带来深刻影响。表现为：西方不良思潮使大学生主体意识、个体意识不断激发和放大，导致其进一步地世俗化和功利化。虽然从整体上看，大学生对集体主义和国家利益优先认可，但在实际生活中，利己思想也逐渐变得深刻。20 世纪 80 年代后期，国内外形势的急剧变化令大学生对改革开放、社会发展及个体价值实现有很多疑虑。随之而来的是下海经商、功利风和出国潮对大学生的影响，这些都在很大程度上消解了个体与社会、个人与集体之间的理性应然关系。

表现四：价值评价参照系的变化。价值评价体系和评价标准随着时代的发展和国内外形势的变化而变化。社会主义建设时期至改革开放之前，大学生价值评价体系主要是主导或主流的价值观。改革开放后，大学生的认知发生了巨大变化，价值观也随之改变，评价标准和体系也得到重塑。大学生是新的社会思潮的学习者、传播者、践行者，他们的思想和价值观因时代发展而求新求变，受西方思潮的影响和冲击，他们开始寻求以看似“先进”和“时髦”的西方价值体系为参照来指导言行。西方代表性的价值观体系逐步熏浸着大学生的头脑和思想，对传统的价值观体系产生了巨大影响和冲击，可以说在一定程度上诱发了20世纪80年代末的自由化思潮。

3. 价值观个体化与世俗化期（1992—2002年）

特征一：价值本位的反向倾斜。随着社会主义市场经济的发展以及相关经济体制的逐步深化，一些来自市场经济的元素逐步向大学生渗透，思想和价值倾向也由社会－个人取向向个人－社会取向转变，大学生的思想价值取向在坚持社会和集体的基础上正逐步偏向个人主义。相关调查显示，大学生的职业选择表明大学生在追求个人与社会统一的同时，不损害自身利益，有的甚至以获取社会回报为前提，这种现象与主流奉献价值观相悖。

特征二：价值观向世俗物质倾斜。在20世纪80年代，大学生的庸俗和功利化停留在意识层面；改革开放以来，大学生群体已基本以之指导自身言行，即世俗化和物质的价值取向开始转为内在的价值取向。当前大学生对于个人利益和实际价值的获取表现出更大的关注度，加之主流价值相关观念受后起文化影响颓势渐显，大学生思维模式出现了由传统价值理性向现代工具理性的转变。大学生群体对于价值的认知和日常行为的衡量依据更多的是关注于手段的合理合法性而非意义和价值。由市场经济所带来的价值影响逐渐内化成为大学生对现实利害趋向的判断标准。此外，改革政策随着时代和社会的发展出现了间断性，也给大学生整体价值观带来了断层化影响。大学生价值目标出现短期化，突出表现为急功近利、功利性强。大学在基础专业战略生命期内，更关注于对现实利益的追求，在专业名称上也趋于功利化，盲目追求好听和时髦。而大学生们对这些“好听”“时髦”的专业趋之若鹜，一些基础性学科专业反而遇冷，如考古学、基础数学等。

特征三：价值主体更加理性化。以往大学生通常用单维的、非此即彼式的价值标准来判断事物。随着时代发展和其认识看待事物水平的不断提高，对于事物认知的特征有以下方面：第一，大学生对于事物的客观性和多样性的评判标准具有更大的包容度；第二，在价值选择和评价方面，大学生主体意识日趋增强，价值取向日益多元化。20 世纪 90 年代初，因苏东剧变所带来的冲击和影响及其他西方思潮的逐步入侵渗透，大学生群体逐步实现整体自省，开始实现从盲目的感情用事到主体自觉、理性和现实的转变。

4. 价值观整合与回归超越期（2002 年至今）

步入 21 世纪以来，社会主义市场经济体制日趋成熟，改革开放成效显著，当前社会的主流氛围为大学生搭建了实现人生价值的广阔舞台，也提高了他们的政治认同、情感认同和理论认同，以及建立在此基础上的道路、理论、制度和文化自信。党的十八大以来，在国家社会和个人层面培育和倡导的核心价值观对大学生价值观的整合、聚拢起到了基础性作用，多元取向中现代性价值观继续发酵、后现代价值观初见端倪。具体体现在以下方面。

特征一：世俗化色彩逐步凸显。有观点认为，随着科学的发展，普遍主义与理性原则取代神学教条，消费主义和享乐主义注重现世的生活而不是来世的生活，世俗化表明信仰力量的消解和宗教禁忌的瓦解[①]。其以功利化追求、感官愉悦为目标，随着经济全球化和改革开放的深入发展，物欲主义价值观逐步成为包括大学生在内的广大群体的追求，物质主义等庸俗化取向在全世界扩散的同时，使得大学生的价值选择更具有功利性、物质性和现实考量价值取向；另外，世俗化、庸俗化和功利化的价值取向在很大程度上消减了正义感和道德感，造成不少大学生责任感、使命感淡化。

特征二：后现代主义初现端倪。一般来说，大学生价值观变迁除具有意识形态特征外，还具有自身独特之处。当前我国社会还处于社会主义初级阶段，现代化程度还有待于进一步加深，但是源自西方的一些思潮，如后现代主义以各种形态粉墨登场，通过网络新媒体等手段向校园发起冲击，试图引导和重塑高校大学生群体的思想状态。

第一，主体意识的两化倾向并存。这种后现代思潮倡导的价值观在一定

① 吴忠民 . 社会发展学 [M]. 北京：高等教育出版社，2002.

程度上促进了人主体意识、权利意识、自主意识、奋斗意识的强化，但是也导致了大学生价值观和思想意识的世俗化、庸俗化，引发了大学生群体理想价值渐缺的困境。

第二，价值评价模糊化和扭曲化。很长一段时期以来，大学生对于社会历史发展规律性认识和发展趋势的展望深受后现代主义不确定性等观点的影响。特别是一些大学生对于相对主义和非理性主义思潮没有批判性地学习接受，甚至错误地认为“破”和“立”如同“鱼和熊掌不可兼得”一样，因此有段时期，知识精英们对待传统价值观和文化异常排斥和反感，使得他们更倾向于自私自利的个人主义、自由主义。

第三，责任意识功利化甚至消解。首先，大学生群体应自觉将个人前途同祖国民族命运紧密相连，展现出应有的担当。但令人忧心的是，仍有部分大学生将责任、义务弃之不顾，一味追求利益。“如果指的不是法律意义上的责任，我觉得责任是一种习惯，我权衡一下怎样是更合算的：我破坏这种习惯的成本和我维持这种习惯的成本。如果我觉得继续维持下去比较合算的话，就是我尽责任了。”① 其次，博弈理论认为以最小成本来获取道德上的“善”，这为一些大学生的功利化取向提供了依据和基础。

特征三：集体主义回归与超越。随着改革开放的不断深入，大学生群体价值观“动态整合”逐渐明晰起来，即从理想和追求转向更加注重现实利益，将个人理想和现实利益追求融合，从理想主义转向集体个人价值并重；从对传统的摒弃转为相对理性地看待传统理念，使现代价值取向更具有时代精神和中国特色。

第一，刷新“集体”意识。在中国人的思想观念中，集体往往被认为是介于个人和国家间的概念，而客观上并非如此，社会在很多时候被集体自然而然地“代表”，但集体更多的是代表积极向上的群体，是主流利益和价值凝聚的象征，并不是带有“集体”标签的就一定是高尚的、向上的，比如对“特殊利益集团”的揭露更容易令大学生对“集体”概念进行反思，这是典型

① 张帆，沈旭．当代大学生价值观新动向——后现代语境下的大学校园亚文化 [J]. 中国青年研究，2006（3）：49-50.

表现之一，需要引起足够重视。

第二，大学生加深了对集体主义的见解。当前政府倡导的社会主义核心价值体系、核心价值观以集体主义为核心，将宣传和弘扬集体主义作为主旋律。一般来说，中国当代大学生眼中的集体主义融入了西方和中国人传统的理解，富有新的内涵，并非简单照搬复制。

第三，处理集体与个人间张力更加理性。不少大学生认为集体主义更多地体现在社会公共生活领域，但是在个人生活等领域坚持个人本位并无不当，这种态度和看法被很多大学生所认同并体现在个人的生活实践中。当前，这种个人与集体的平衡和协调不断地变化、演变，整体上来说，目前朝着倾向于个人利益方向发展。

（二）大学生价值观变迁的规律

1. 价值观演变与时代变迁共振特征

价值观演变在逻辑上存在着社会变迁、主体变化、观念变动等主从关系。从价值观的内涵和属性来看，它是主体根据自身需要对客体的评估、选择和实现价值等观点、态度的总和。无论是物质利益还是精神价值，都源自生产力和生产关系的相互作用。社会发展和价值观的变迁并非前后相继的，两者存在着不完全同步性。

表现一：价值观转变与社会结构体制变迁转轨同步。大学生价值观变迁和社会经济发展呈现联动关系。改革本质上是利益的调整和再分配，时代的变迁与社会的发展变化会带来大学生价值观的变化，大学生群体首位价值选择并不是固定的，而是动态变化的。大学生价值观变化既有与社会发展变化的同步性，也有一定的滞后性。大学生群体中的很多新思潮是社会变革带来的，同时大学生对这种价值观潮流又保持着一定的选择性，因而呈现出“亦动亦静”的特点。

表现二：大学生与社会主导价值观存在一定的张力。用大历史观视角观察，大学生主体价值观与社会主导价值观之间总体上呈现出偏离与回归、引领与反哺的互动关系。历史发展的急剧变化和社会的剧烈转型往往带来大学生群体与社会主导价值观的不完全一致性。当社会经济处于协调发展和良性循环状态时，大学生价值取向处于“升波”阶段，社会主导价值观对大学生主体价值观“吸纳”功能明显；反之，在每个变迁阶段都会出现“升波”和“降波”[①]。在社会建设完善、发展顺畅时期，如果高校思想政治教育功能发挥较好，大学生群体在社会主流价值观的引导下将呈现出积极向上、理性平和的价值观和心理状态。

表现三：价值观的变迁与主体自我意识的日益觉醒交相辉映。从理论上来讲，主体的变化会带来思想观念如价值观的变化。主体意识的觉醒是价值变迁的内因和载体，主体意识的觉醒带来价值观的多元化，并促使主体意识进一步显现。改革开放以来，我国社会最显著的变化就是主体意识的觉醒。大学生主体意识从主体的虚无、异化到主体意识的觉醒经历了无主体性、主体性的觉醒、主体性成熟，换言之从“身份意识”向“契约意识”运动。20世纪80年代，“主体觉醒”成为“中国社会思潮的主流”；90年代继续演绎，与时俱进地体现主体觉醒基础之上人的权利意识的生成与增长；21世纪以来，社会的人本意识、人权意识成为强势、主流话语，人们价值思维方式发生根本性变革，人的价值主体地位被确立下来。

2. 价值观变迁的双重性

随着时代和实践的发展，大学生价值观在不同的社会发展时期呈现出二重性、内在冲突性、交融共生等特征。具体表现如下。

展现一：价值观变迁主线的双重性。改革开放以来，大学生价值观表现出两条主线：一是积极的向外辐射的心态，另外一个是消极的封闭内卷心理。改革开放初期是困惑彷徨，20世纪80年代初表现为探索觉醒，中期呈现为个性释放张扬，中后期是矛盾与消极，20世纪90年代初至21世纪初主要是个人主义与金钱至上，21世纪以来呈现个人与集体的平衡。在这期间，二者相互交织、互相渗透，可以说有时界限并不十分明显，呈现出了两个维度：自我取向和推陈出新，安定、依从和传统；向往物质成就和社会地位以及追求和谐的价

① 杨德广. 中国当代大学生价值观研究 [M]. 上海：上海教育出版社，1997.

值观。

展现二：理想与现实自我的相异性。一方面，理想与现实具有一定的相异性。首先，最崇拜的职业与最想从事的职业往往不一致。如有的大学生向往科技人员、高校教师等，但却不愿当教师，说明理想与现实之间的差距很大。其次，进取精神的内在张力。大学生表面上显示出积极进取精神，但在深层人格中仍注重中庸处世的传统。另一方面，价值取向与行为选择的双重性。大学生也希望国家继续推进改革开放，但在涉及自身利益时却表现得保守世故、恐惧和失落。他们关心战略利益但在选择上往往更加关注细节利益，即使他们懂得长远利益与眼前利益的关系。

3. 价值观变迁的趋向：在公正的基础上寻求多维价值之间的动态平衡

高校大学生价值观的发展经历了一个长期的过程，存在对传统价值观的扬弃和超越的阶段。因文化传承性、内嵌性影响，新旧价值观并不是非此即彼，个人或群体的思想和价值观改变了并非意味着这是一种“取代”关系，而是在两者间实现一种平衡。在不少表面价值观发生变化的同时，一些原有观念在深层次上依然保留着社会主导地位，比如“熟人关系”是传统价值，在改革开放后不但没有消解反而发展成为“关系学”。

大学生需要在不同价值选择和人生目标选择之间作出对焦选择，进而达到一种动态平衡。整体来看，大学生在实现“自我价值”时并未否定社会价值，可以说此价值选择是理性的、健康的，远离了精致利己主义、个人主义。另外，这一群体价值观变迁虽然出现了一些世俗化倾向，但这并非说大学生抛弃了理想主义，也并不说明他们抛弃了集体主义、爱国主义。他们仅仅是改变了以往的虚幻理想，更多的是将抽象的理想转化为现实的理想，将社会理想与个人理想有机结合，从而形成新的价值目标和价值判断标准。

五、新媒体兴盛背景下大学生价值观现状

以互联网为代表的新媒体的广泛应用给人们的生产生活和思维方式都带来了革命性的变化，特别是对价值观产生了巨大冲击。根据中国互联网络信

息中心（CNNIC）于 2021 年 2 月发布的第 47 次《中国互联网络发展状况统计报告》：截至 2020 年 12 月，“受过大专、大学本科及以上教育的网民占比分别为 10.5% 和 9.3%”，网络等新媒体成为大学生等知识分子群体获取知识信息的“亚器官”，甚至在工作、生活各方面都表现出“须臾不可分离”的精神依赖性。报告还显示：在我国网民群体中学生网民占比最高，为 21.0%①，作为时代的开拓者和潮流的引领者，在校大学生以其较强接受新生事物的“同化力”和掌握网络信息的“适应力”，成为这部分网民中的重要组成部分。在校大学生尽情享受信息时代带来的“知识信息红利”的同时，因其价值观正处于形成的关键期，也易受新媒体传播信息浪潮的冲击。在一定程度上讲，新媒体广泛传播和思想价值附加，对三观仍处于形成阶段的大学生带来了双重影响：一方面满足了他们对知识信息的即时性、多元化的需求，另一方面也由于信息传播的便利性、无门槛，为不良思想的滋生蔓延创造了条件，甚至促使部分大学生价值观呈现娱乐化、实用化、从众化倾向。新媒体传播的“异质化”信息成为诱发大学生价值观歪曲、颠倒的重要变量。

近年来新媒体技术迅猛发展，人们思想观念多元多样多变，不同价值观相互交流交融甚至交锋，大学生是新媒体时代信息传播工具的弄潮儿，是信息时代的晴雨表，接受新生事物能力最强，反应最灵敏，成为网络意识形态阵地敌我双方争夺的重要对象。习近平总书记曾教导大学生，青年人要扣好人生的第一粒扣子，如果第一粒扣子扣错了，那么接下来的扣子也会扣错。高校宣传思想部门和思政工作者应谨记总书记嘱咐，想实策、出实招，努力引导大学生培育践行社会主义核心价值观，促使大学生形成抵御不良思想和价值观的“免疫力”，自觉维护新媒体时代国家网络意识形态安全。

---

① 中国互联网络信息中心.第 47 次中国互联网络发展状况统计报告 [EB/OL].(2021-02-03). https://www.cnnic.net.cn/hlwfzyj/hlwxzbg/hlwtjbg/202102/t20210203_71361.htm.

第二章

意识形态

第一节　意识形态研究现状

长久以来，学界学者对意识形态问题进行了深入研究，产生了一批具有影响力的成果，为意识形态理论的深入研究作了良好的铺垫。

一、意识形态问题的多维解析

（一）定义及体系类型

意识形态（英文“Ideology”）指一种观念集合，为德斯蒂·德·特拉西（Destutt de Tracy）所创，他试图为一切观念的产生提供一个真正科学的哲学基础。拿破仑之后，意识形态偶尔表现出负面意涵；广义意识形态概念可追溯至柏拉图《理想国》中的“高贵谎言”（The Noble Lie）。

马克思主义理论定义的意识形态是一种具有理解性的想象和看待事物的方法（如世界观等），或者指由社会中的统治阶级对所有社会成员提出的一组观念，它是与一定社会经济和政治直接相联系的观念、观点、概念的总和，包括政治法律、思想道德、文学艺术、宗教哲学和其他形式的内容。意识形态内容是社会经济基础、政治制度及人与人之间经济、政治关系的反映，意识形态形式起源于以生产劳动为基础的社会物质生活。意识形态的内容和形式相互联系、相互制约，构成一个有机体系。

意识形态从生产关系角度可分为：奴隶主意识形态、封建主意识形态、资产阶级意识形态、无产阶级意识形态。每个社会的统治阶级意识形态都是占社会统治地位的意识形态，集中反映了该社会的经济基础，表现该社会的思想特征。一般存在三种不同的体系：一是反映该社会占统治地位的经济、政治制度并为其服务的占统治地位的意识形态；二是反映已被消灭的旧经济、政治制度的意识形态残余；三是反映现存社会中孕育着新社会因素并为建立新的经济、政治制度服务的意识形态。

（二）意识形态简征

现实性：意识形态外在地表现为抽象思想、理论和观念集合体，但并非一种空洞虚无的存在，因为意识形态是精神范畴，它源自客观世界，因此，不管是否占据统治地位，它都具有鲜明的现实指向性，亦即要么维护要么批判现存的社会制度。

总体性：马克思主义认为，意识形态不是单一的存在，它是由多元化、具有精神属性的内容构成，即上层建筑中的观念部分，如政治法律、教育艺术、伦理道德、宗教哲学等，意识形态是以上各内容的集合体。

阶级性：意识形态随着阶级社会的产生发展而带有鲜明的阶级属性。一个社会存在着多样的意识形态，这些与其在社会中所处地位密切相关，因此，可以说意识形态是由其所代表阶级的地位决定的。

相对独立性：意识形态的内容虽为社会存在的反映，但意识形态作为观念集合体有其自身的发展规律；它是相对独立的，有时表现为超前性，而有时表现为滞后性，因此具有意识的普遍特征——与社会发展具有不完全同步性。

依赖性：意识形态拥有意识的属性和特征，它不是人脑所固有的，也不会凭空产生，归根结底源自社会存在，因此它依赖于客观物质世界。

（三）相关研究综述

“意识形态”是哲学范畴词汇，在马克思主义哲学中出现频率较高。关于“意识形态”的含义、特征和作用，这是历史唯物主义理论的重要内容和有待于进一步明确的问题，目前的研究成果如下。

有研究观点认为，意识形态是马克思主义唯物史观的重要概念。作为社会意识的重要组成部分，其在马克思主义经典作家阐述人类社会发展规律过程中发挥着重要作用，它是反映社会政治经济文化等的观念体系。社会意识是社会存在的“摹写”与“摄影”，是对社会群体生活的映照反映，包括社会心理和社会意识形式等。社会心理是较浅层次的意识形态，往往与人们日常密切相关。社会意识形式一般涵盖政治、法律、道德、艺术、哲学等。社会意识形式是马克思主义经典作家提出之后才开始使用的，而意识形态一词为特拉西开始使用，两者之间存在着一定差别。还有的学者指出：马克思和恩格斯认为意识形态在实质上是一种异化的结果，是对客观事物的主观映像，有时可能是悖谬的，他们将意识形态当作否定性概念来看待。

马克思主义对意识形态的定义为：在阶级社会中，建立在一定经济基础之上的政治、法律、道德、宗教、艺术等上层建筑的总和，代表着统治阶级根本利益情感、表象和观念，具有实践性、总体性、阶级性、掩蔽性和相对独立性。关于马克思主义意识形态，学界的研究成果相对丰富。如有观点认为：意识形态是对经济基础的反映，是在社会中处于不同地位的阶级思想体系的总和，也作为阶级或社会集团价值和理想观念的理论依据。它是一种特殊的社会意识形式，也有利益属性，为一定的阶级群体利益服务，具备战略意义和全局特征。意识形态通常是一定理论观点、学说的观点体系，反映一定的社会阶级或集团的利益。

有观点认为：马克思主义经典作家将意识形态视为“虚假的意识”，反映出了对批判和革命思维的沿袭与坚持，集中体现为他们对“虚假”和神学的思考与批判。相关理论揭露了各种世俗意识形态在导致精神异化方面与宗教神学的本质趋同性。对于唯物史观的研究更多时候停留在结构主义框架之内，其他很多认识也大多缺乏对其意义的深刻理解。本书赞同有学者认为的：马克思和恩格斯“虚假的意识”概念并非单纯地对黑格尔意识形态中虚假成分的指摘，主要在于马克思主义意识形态理论阐述了虚假及异化的整体趋向。马克思唯物史观对启蒙思想的发展展现了现代性思维和智慧。很多时候学界研究都没能站在更高的层面关注唯物史观和虚假意识之间的联系。

对于特拉西首提的“意识形态”一词，马克思在对其进一步扬弃的基础上形成了一种新的理论。马克思意识形态理论是关于社会存在和社会意识的系统化理论，反映了社会物质与精神发展的本质规律。20 世纪，各种意识形态理论都为马克思主义相关理论提供了营养，但每一种理论都有其局限性，不可能揭示出相关领域的所有问题，马克思主义意识形态理论也不例外。马克思理论留下了需要后人研究并加以解决的问题，出于解决这些问题的需要形成了意识形态理论，也在根本上为意识形态理论的发展指明了方向。

二、意识形态发展史简述

如前文所述，特拉西提出意识形态并视之为一种观念上的科学。特拉西主张人的意识和思维等精神层面是理性认知的基础，诸如宗教等被认为是谬误根源是因为其不能转换为实际。特拉西所创的这门学科是为理性思维和国家统治等提供理论支撑的。

马克思、恩格斯在历史上第一次揭示了意识形态的本质，并在《德意志意识形态》等著作中系统地阐述了其内涵，指出意识形态是代表资产阶级利益、维护资产阶级统治的思想体系，其有三个特征：首先，意识形态具有虚假性，并揭示了其扭曲和颠倒的现实根源，即现实社会的混乱导致了意识形态的扭曲颠倒。其次，强调了意识形态的阶级属性。正如马克思所强调的那样："统治阶级的思想在每一个时代都是占统治地位的思想。"表达了这样一种意思，即统治阶级不仅占有物质财富和资源调配权，而且也拥有精神财富和话语统治权，统治阶级的思想是占统治地位的思想。最后，指出了意识形态的属性，即观念上层建筑。马克思、恩格斯在很多著作和文章中指出：人们思想观念和意识会随着客观物质和生活条件、社会关系等的改变而改变，唯物史观的相关原理不是随便可以改变的观念，意识形态不能独立存在，必须以客观历史为依据。马克思、恩格斯把政治法律思想、道德、宗教、艺术、哲学作为观念上层建筑。

客观上来说，受马克思、恩格斯影响，在很长一段时期内马克思主义经典作家对意识形态整体上是批判的、否定的。而最早对意识形态进行肯定性评价的是列宁，他在吸取前人观点和成果的基础上有机融合构成了马克思主义意识形态理论体系的重要组成部分。列宁尖锐地指出处于不同地位的阶级集团都有相应的意识形态武器，这种武器是为意识形态领域斗争而产生的；列宁认为，应将意识形态进行分类：有“科学的”意识形态和“不科学的”意识形态两类；同时继承和延展了马克思、恩格斯对于资产阶级意识形态的定性，把资产阶级意识形态视为“虚假的”“非科学的”，在马克思主义意识形态的定性上，因其具有深厚的理论根源和实践佐证，故认为马克思主义意识形态为“科学意识形态”；在划分意识形态科学与否的同时，他还对意识形态的阶级属性进行归属性强调，指出要么属于资本主义的，要么属于社会主义的思想体系。

在意识形态发展史上，西方发达国家出于维护阶级统治利益的需要，由相关阶层对意识形态进行了系统研究。概括来说，西方对于意识形态的研究经历了不同的时期阶段，有的研究者从社会管理角度认为意识形态助力社会发展、降低运行成本；从科技视角来看，将科学技术也视为一种意识形态；还有的学者从社会学和政治学观点出发，将意识形态视为研究社会的体系化方法，对意识形态持相对中立的立场，总体上认为意识形态是反映在一个国家和社会中处于不同地位的阶级观念的集合体；也有的持否定和贬义态度来解释意识形态，认为意识形态是一组系统的、僵硬的教条和信条。

自中国共产党成立以来，就把马克思主义作为指导思想，产生了两大历史性飞跃和两大理论成果，即毛泽东思想和中国特色社会主义理论体系。其中，习近平新时代中国特色社会主义理论是马克思主义的最新成果，是当代中国的马克思主义和21世纪的马克思主义。社会主义核心价值体系和核心价值观是当代中国社会价值的灵魂，是构成主流意识形态的主要内容。中国共产党自成立以来始终坚持代表中国最广大人民的根本利益，为经济社会发展和国家管理提供精神指导。意识形态概念自特拉西提出发展至今，总体上呈现出从否定到肯定的发展历程，随时代和实践发展不断变化、丰富和发展。总体来说，意识形态作为思想和观念的体系，在解释、解决人的思想问题方面起着关键性作用，为人们弄清观念方面的问题提供思维钥匙。

第二节　西方意识形态的当代发展

一、西方意识形态渗透的主要手段

经济全球化、政治多极化和社会信息化、文化多样性促进了国家间的交流。全球化过程是机遇和挑战并存的。西方发达资本主义国家倚仗强大的经济、科技、军事等硬实力主导着全球化进程，并且靠向着发展中国家输出所谓的普世价值观等，转嫁经济政治危机来存活，并且不遗余力地对其他国家，特别是社会主义国家进行“西化”“分化”。其所使用的手段一般是先以军事打击和经济制裁等进行“显性战争”；再用意识形态、文化输出等手段对目标国进行思想上的渗透等，进行“颅内战争”，从而对包括社会主义国家在内的广大发展中国家进行意识形态渗透。

（一）经济手段

西方国家对有资源和其他有可利用价值的国家采用各种手段进行渗透和控制。“看不见”的意识形态以“看得见”的经济为后盾，凭借经济、科技优势助力意识形态的渗透。

1. 主导全球化，宣扬新自由主义

经济全球化是不可阻挡的客观趋势，但是被西方发达国家利用，大肆宣扬新自由主义和西方资本主义为首的“一体化”。“小政府大社会”的模式是资本主义社会管理的普遍特征。发达资本主义国家利用经济、科技优势，在掌控着国际经济运行制定权和发言权的同时开展意识形态攻势，鼓吹西方所谓民主、自由、平等、人权等普世价值观。有学者指出：新自由主义思潮宣扬的是大资本家、金融垄断寡头集团的意识和价值观，而“全球化”口号是新自由主义所鼓吹的为其获取利润的幌子。需要指出的是，本质上“全球化”不是自然而是人为的过程。在西方倡导的新自由主义在全世界蔓延的过程中，如拉美、亚洲等很多国家都出现了贫富差距扩大、生态环境恶化、犯罪率飙升等问题。另外，21 世纪以来，西方国家还重点对我国进行各方面的打击、和平演变和意识形态渗透。由此可见，这种新自由主义并没有名称所描述的那么理想、美好，它不是西方民主、自由之体现，而是其意识形态的扩张与渗透，是西方核心国家打压其他国家的一种隐性手段。

2. 倚仗经济优势，传播价值观念

全球化在给各国带来经济和生产力发展的同时也令西方商品和资本大量涌入，西方国家实施所有这些的初衷并非帮助发展中国家发展，其最终目的是资本、商品和意识形态的输出。西方学者伯努瓦指出：“一件有利于理解文化全球化性质的新奇事物，即资本主义卖的不仅仅是商品和货物，它还卖标识、声音、图像和联系；不仅仅将房间塞满，而且还统治着想象领域，占据着想象空间。”[①] 我国同样是西方发达资本主义国家经济和意识形态入侵的对象，而且是重点对象，这种思潮已经给很多国家的思想文化、价值观等领域的安全带来了严重影响。

3. 进行制裁威胁，输出意识形态

“资”“社”之争源自资本家无止境的贪婪和资本的无序扩张。为了攫取世界上更多国家和地区的资源，特别是对社会主义国家和石油资源丰富的国家的渗透与和平演变，西方资本主义国家惯于用“经济援助”手段对发展中国家进行“帮助”，同时也必然会对发展中国家进行经济、政治等主权的“隐性侵略”，提出一些表面比较平等的条件。他们对积极“改革”的国家给予优厚待遇，并通过政府或非政府性质的基金会等多种渠道，投入大量的“援助”资金，培养亲西方势力，不遗余力地鼓动亲西方分子进行所谓的“民主”改革，倡导这些国家投靠西方。对于不予让渡国家主权、走自主发展道路、努

① 王列，杨雪冬 . 全球化与世界 [M]. 北京：中央编译出版社，1998.

力摆脱依附和受控状态的国家和民族，西方国家则通过赤裸裸的战争和制裁等多种方式进行打击，采取各种手段将西方民主模式和价值观予以强加输灌，这些粗暴和卑劣的行径充分暴露出了西方资本主义对他国干涉、扩张乃至入侵的本性。

（二）政治手段

在人类社会发展史中充斥着不同社会制度的对抗、博弈和斗争，特别是在资本主义发展过程中更是将渗透、演变等手段表现得淋漓尽致。西方发达资本主义国家受金融资本寡头控制，国家政权沾染资本扩张本性。资本家对于利润和利益的追逐，使得资本主义国家反对国家和社会发展道路的多样性，通过各种形式和渠道输出西方意识形态，对其他国家开展主权、经济、安全等多方面干涉。

1. 鼓吹制度优越性，对外输出价值观思想

以美国为代表的发达资本主义国家大肆鼓吹其政治制度、价值观等的优越性，在世界上很多地方展开“颜色革命”，灌输所谓普世价值等，照搬美国等西方国家政治模式的同时，不断利用各种机会抨击中国人权、制度，搞污名化、泼脏水，将社会主义制度视为产生腐败现象的根源，认为其是发生“大跃进”、人民公社化、“文化大革命”等的重要原因，是集权统治的表现。然而，西方却看不到自身存在的问题，如西方国家的垄断资本家为了寻求自身利益，利用国家机器不断发动战争，肆意干涉他国各方面事务，不断践踏他国主权以宣扬其道路、价值观等的“正统性”，这恰恰与当今世界各国所公认的“和平、发展、公平、正义、民主、自由”的世界普遍理念和价值观背道而驰，是西方发达资本主义国家对其他边缘和半边缘国家渗透意识形态的幌子。

2. 干涉他国内政，强制推行西方人道主义

人权是当今世界和各国普遍关注的问题。一般意义上讲，人权是指在一定的社会历史条件下每个人按其本质和尊严享有或应该享有的基本权利，如生存权、发展权、平等权、自由权、生命权等。人权随着人类历史和社会的发展

有着不同的内涵，是一个动态变化的范畴。人权观因时、因国和因人而异，不能一概而论。但是以美国为首的西方国家忽视政治制度和人类社会发展道路的多元性，将资本主义国家因其扩张目的而推崇的所谓“人权”强加在其他主权国身上，实行“双重”标准，奉行着“合则用、不合则弃”的两面手法。有的国家政客还抛出“人权高于主权”论调，推行“人权外交”，以此来干涉他国内政。

3. 培植亲西代理人，传播西方意识形态

近几十年来，处于核心地位的发达资本主义国家对其他边缘、半边缘国家的干涉、渗透和颠覆，主要有两种方式：一是直接武装入侵、干涉，利用强大的军事力量推翻他国政权并扶植傀儡政权上位；二是运用面上和平手段进行渗透，如采取培植“亲西代理人”来掌控他国政权。这里的“亲西代理人”是指受西方价值观影响，传播西方意识形态及价值观或持不同政见的反对派以及去外国寻求“政治避难”的人。西方发达资本主义国家出于扩张和逐利的需要，利用各种手段发现和豢养代理人，进而宣扬西方意识形态，逐步消解相关国家价值观，最终颠覆他国政权。主要的操作路径：一方面，利用留学生途径渲染西方的教育“烙印”，潜移默化地实现思想“同化”，并以高薪、高职等优越条件吸引其中的“精英”成为其代理人，以至于有部分人带着浓厚的西方意识形态“味道”，在国内间接起到传播西方意识形态的作用。美国兰德公司在一份战略研究报告中宣称：“这些受过西方生活熏陶的留学生回国后，其威力将远远胜过派几十万军队去。”[①] 另一方面，利用所谓的“政治避难”方式来暗中“豢养”他国反对派，宣扬新自由主义、普世价值等，扶植资产阶级自由化分子搞“民主”，资助反动分子和邪教势力攻击社会主义等。

（三）文化手段

文化手段也是西方发达资本主义国家在意识形态渗透方面中运用得最多的手段，表现在以下方面。

---

① 金鑫. 中国问题报告：新世纪中国面临的严峻挑战 [M]. 北京：中国社会科学出版社，2000.

1. 掌控互联网信息优势，传播渗透西方意识形态

随着现代科技和信息传播技术的发展进步，人们交流交融更加便捷，互联网是当前世界各国总体上应用最广、覆盖面最大、最为便捷的媒体之一。以美国为代表的西方发达资本主义国家利用其先发优势和科技硬实力，在很多领域占据着标准和引领发展的优势地位。“美国主导着全球互联网的管理，负责全球域名管理的 13 个根服务器有 10 个在美国；世界性的大型数据库近 3000 个，70% 设在美国；在互联网上访问量最大的 100 个网站中，94 个在美国境内；互联网信息 95% 是英语信息，其中总信息量 80% 由美国提供。美国是名副其实的信息宗主国。”① 虽然互联网有助于信息内容交流、增进各国交往，但西方发达国家利用网络信息技术等优势与其他大部分国家的基础设施和相关技术落后，形成了全世界信息传播的极不对称，令欧美的一些有害思潮、价值观念趁虚而入。

2. 借助宗教外衣，隐秘干涉他国内政

宗教是一种特殊类型的、较复杂的意识形态。以美国为首的西方国家利用各种各样的手段对其他国家进行意识形态方面的隐性渗透。“据统计在我国境外，从东南亚至东北沿海的半月形地带，大约有 26 个宗教广播电台在进行空中传教。号称世界上最大的宗教广播电台的美国远东广播公司，有 5 座电台以不同频率用普通话和各种方言对华广播，每天累计播音 18 小时，致使不少人因收听空中传教士的布道而信教。” ② 西方国家传播宗教的目的不是教化民众，而是进行和平演变和颠覆政权的手段。

3. 攻击敌对国家，输出西方意识形态

大众传媒在方便信息流动和交流沟通的同时也产生了不利影响。因为西方国家很多时候利用传媒工具输出其意识形态，对社会制度不同的国家，特别是中国进行诋毁、污蔑甚至内政的干涉。

4. 利用文化交流，传播西方价值观念

美国哈佛大学教授约瑟夫 · 奈提出文化“软实力”的概念，认为文化软

① 刘正斌，赵碧波 . 保持党的先进性必须大力抵御西方意识形态渗透 [J]. 南京政治学院学报，2001（5）：64-67.

② 李丹 . 冷战后美国对华思想渗透的手段 [J]. 福建教育学院学报，2001（3）：29-33.

实力是一国综合国力的重要组成部分。美国特别重视意识形态的输出，为更顺利地推行文化霸权主义，西方国家利用学习交流、接收其他国家文科类留学生等形式传播西方意识形态和价值观，强化对社会主义国家思想和价值的影响和渗透；还有就是培植代理人，代言西方价值观；再有就是推销西方文化产品，传播西方价值观。

（四）军事手段

军事手段是西方惯用的手段。随着科技的发展和进步，以美国为首的西方国家改为以人权和民主为借口，推行“新干涉主义”。新干涉主义是以美国为代表的国家以“人道主义”为幌子，干涉他国内政的统称。新干涉主义主体上表现为理论渗透，同时以军事实力等为基础。从利比亚、叙利亚、伊朗核危机等可以得出结论：以美国为代表的西方国家倚仗军事、经济和科技等硬实力干涉他国内政。军事实力成为西方传播意识形态、干涉他国内政所倚仗的基础，严重影响和威胁了世界和平与地区稳定。

二、西方意识形态的主要特征

“资”“社”的意识形态斗争从来没有停止过，资本主义国家利用各种形式进行意识形态渗透，近百年来，特别是冷战后意识形态斗争更是呈现出隐蔽性、综合性、技术性和协调性等特征。

（一）极强隐蔽性

与传统的武力入侵不同，意识形态的斗争往往以隐蔽性手段实现渗透的目的，例如打着学术文化交流的幌子，暗行渗透之实。西方的意识形态通过好莱坞大片等推广西方文化。科技的迅猛发展和经济全球化浪潮，使整个世界资源共享成为可能，也为西方意识形态钻入世界的每个角落创造了条件。如动画、电影等更具有迷惑性，影响也更广泛，让青年在浑然不觉中变成西方思想文化的接受者和传播者，甚至为西方敌对分子所用，质疑本国政权的

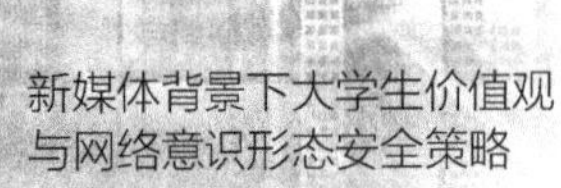

合法性，为“颜色革命”埋下伏笔。

（二）高度综合性

发达资本主义国家对他国以多种方式进行高度综合、交叉并用的意识形态渗透，使得意识形态无处不在、无孔不入，近年来这些渗透的形式与手段变得越来越隐蔽和高明，渗透的各种手段之间相互依赖、交叉和融合，既具内在逻辑性，又体现高度综合性。其中，经济手段是一个重要的基础和载体，利用重金寻找代理人，进行意识形态入侵、军事干涉更离不开经济基础；政治方面，以美国为首的资本主义国家肆意干涉他国内政，对他国人权指手画脚，散播所谓“普世价值”；西方国家生产的文化产品，特别是娱乐电影等充斥着西方意识形态和价值观。总之，发达资本主义国家将各种手段相互融合并用，为输出其意识形态创造条件。

（三）先进技术性

在意识形态的斗争与对战中，先进科学技术等表现得越来越突出。经济、政治、军事、文化手段中均体现出以互联网技术为代表的先进技术对西方控制和渗透意识形态的重要意义。凭借在技术等硬实力方面的优势，美国等资本主义国家利用标准和引领地位制定了很多有利于发达国家的规则，如英文系统、系统后门、监听体系等。为了实现“国际化”和努力“搭乘”发展快车，其他国家短期内只能被动卷入这种由西方发达国家制定规则的发展过程中，参与技术和信息的不对称“游戏”，不公正地处于劣势和从属地位，形成受隐性压制和受操控的不利境地。西方发达国家正是凭借其在以互联网为代表的先进科技方面的优势将西方价值观、意识形态大肆宣扬、传播。

（四）相互协调性

资本主义国家在意识形态掌控和对他国渗透过程中表现出强烈的协调性。西方国家通过各种显性隐性手段对包括社会主义国家在内的其他国家进行渗透和颠覆，以达到奴役和掠夺他国资源和财富的目的。因此，这些国家在潜意识和实际行动中往往形成一个意识形态斗争共同体，显示出资本主义国家在反社会主义目标上的一致性和协同配合性。

综上，在政治多极化、经济全球化、社会信息化和文化多样性的大背景下，西方国家渗透和控制意识形态的手段和特征呈现出很多新态势，这种态势总体上对发达资本主义国家有利，而对社会主义国家不利。社会主义国家处于一种被“包围”的态势，国家意识形态安全方面时刻存在隐患和危机。因此，如何有效防控和有力地应对西方意识形态的渗透，增强抵御有害思潮侵蚀的能力，强化社会主义意识形态的主导地位，打赢意识形态之仗，是一项长期、艰巨、复杂的任务。

第三节 社会主义意识形态的内涵本质与发展前景

社会主义发展历史上，一个重大的历史节点——苏东剧变发生的原因之一是意识形态“多元化”，一些资产阶级思想替代马克思列宁主义占据主导地位。苏东剧变揭示了一个道理：必须坚持主导思想的一元化指导，不能放任意识形态自由化趋势，否则会导致严重后果。

一、马克思主义是社会主义的主流意识形态

如前文所定义的那样：意识形态是一定社会的阶级、集团基于自身利益对现存社会关系自觉反映形成的认知体系，由政治、法律、哲学、道德、艺术、宗教等社会学说及观点所构成，反映了一定阶级或集团利益取向和价值取向，并为其服务，成为其政治纲领、行为准则、价值取向、社会思想的理论依据。马克思、恩格斯强调：“统治阶级思想在每一时代都是占统治地位的思想。一个阶级是社会上占统治地位的物质力量，同时也是社会上占统治地位的精神力量。支配着物质生产资料的阶级，同时也支配着精神生产资料，因此，那些没有精神生产资料的人的思想，一般的是隶属于这个阶级的。”[①] 任何社会都有处于主导地位的主流意识形态和处于辅助或次要地位的非主流意识形态，两者在一定条件下可发生转变。

我国的主导思想是马克思主义，意识形态体系属性具有社会主义性质。

① 马克思，恩格斯．马克思恩格斯选集（第一卷）[M]. 北京：人民出版社，1995.

改革开放之后，我国社会的社会阶层结构、阶层集团和思想文化呈现出多元化趋势，马克思主义的主导地位不断受到挑战和威胁，甚至被虚化、弱化和边缘化。一些新的思潮，如来自西方的新自由主义、后现代主义、拜金主义、历史虚无主义等在世界范围内大行其道，通过一些所谓“公知”的“陷阱式”传播在我国也产生了一大批拥趸者、鼓吹者和追随者，主流意识形态的主导地位遭到了威胁和挑战，诱发了意识形态领域的问题，具体表现如下。

首先，信仰认同产生危机。苏东剧变导致国际共产主义运动进入低潮，全球化进程和西方文化的入侵，以及我国社会主义市场经济体制建立发展带来的思维影响，使得相当一部分群体丧失了理想信念；社会上道德失范、价值失迷、文化失衡、社会失信和人文精神失落等现象频发，享乐主义、极端个人主义、拜金主义、利己主义等思潮在社会上蔓延散播，意识形态斗争此起彼伏，使我国的意识形态体系遭到巨大冲击。

其次，意识形态对抗分歧。随着经济社会的发展，因阶层分化和生产生活方式的变革导致了社会上对物质利益的普遍追求，同时也带来了人们思想状况的日益复杂。在主流意识形态之外的其他思想、价值和观念形态也在发生嬗变，由此对主导思想和主流意识产生了客观上的冲击。

最后，主流意识形态弱化。我国社会主义市场经济体制兼具经济形态和观念体系属性，逐步形成了社会主义市场经济的相关思维、观念。经济全球化趋势在发挥经济基础性作用的同时，也带来了人们对于利益、价值权衡、追求的失衡。受市场经济影响，人们考虑得更多的是经济利益，较少考虑价值奉献，由此造成主导价值被冲淡甚至被重构的程度加深。虽然如此，在我国马克思主义意识形态仍然占据主导核心地位，马克思主义依然是社会主义意识形态的旗帜和灵魂，以马克思主义为指导的社会主义意识形态仍然占据统治地位。

马克思主义揭示了自然界、人类社会和思维发展的一般规律，是在吸收了不同历史时期的人类智慧和理论成果的基础上不断创新、丰富和发展起来的科学理论体系。在马克思主义发展史上曾有过若干次重大成果，如马克思主义与俄国实际相结合产生了列宁主义；马克思主义与中国革命、建设和改革实践相结合，产生了毛泽东思想和中国特色社会主义理论体系，实现了马克思主义在中国的两大历史性飞跃。在世界其他国家和地区，马克思主义也被很多国家的共产党人所运用、发展，产生了与各国实践相融合的国别化的马克思主义。创新和与时俱进是马克思主义最宝贵的理论品格和属性，也是马克思主义经久不衰的内在因素，成为马克思主义创造力、战斗力和生命力长青的重要源泉。面临当前我国主流意识形态所处的不利境地，我们必须用马克思主义的最新理论成果指导社会主义建设实践。

二、社会主义社会主流意识形态要有主旋律

改革开放以来，我国经济社会面貌产生巨变，各种新生事物、新型社会阶层、生产关系、生产生活方式不断更新，思想观念多样化，对我国意识形态领域产生了重要影响。社会思想和意识的变化在一定程度上影响着主流意识形态，但是主流意识形态拥有相对牢固的社会基础，并不立即且一定发生变动。随着经济社会的发展，人们的思想呈现多元多样多变特征，意识交流交融甚至交锋，由此反映出思想意识的选择性、多变性。同时，人们在经历物质世界发展的同时也伴随着思想意识的变革，激发出很多以往难以想象的活力，显示出精神文化成果的不断丰富。社会主流意识形态作为占主导地位的意识形态，反映的是统治阶级的思想意志。社会意识允许多元多样，从统治阶级角度、层面来考量“一元化”思想更有利于社会治理和稳定。随着改革开放的纵深推进，我国经济社会关系产生了很多深刻变化，意识冲突、文化较量也呈常态化趋势，但是为了政权的稳固和社会的稳定，必须坚持主导意识形态的唯一性，坚决避免自由化、多元化。当前，我国的主导思想和主流意识形态必须是马克思主义。

当前，社会上有些言论说马克思主义已经过时了，信奉当今世界是新自由主义“大行其道”，主张所谓的“普世价值”，鼓吹美式民主并不遗余力地复制推广到其他国家。对于中国的政党领导和社会制度予以污名化、妖魔化，企图通过各种显性和隐性手段图谋干扰和动摇马克思主义在中国的指导地位，

力图造成指导思想的多元化，最终像苏联解体一样，颠覆中国政权和中共的领导。如果西方敌对势力的图谋得逞，结果是不堪设想的。有的敌对和反动势力借口指导思想的一元化有悖于思想自由，实际上一元的指导思想与尊重社会意识和思想自由并不矛盾。社会意识是人们思想变化、生产生活和思维方式等的反映，在一定程度上展现出人们的思想活力和生活气息。社会意识一方面可实现与“一元化”指导思想的互动，另一方面也促进了“一元化”指导思想的创新、变革。必须明确的是，指导思想要具有对多样化思想观念的统合功能。马克思主义是我国的指导思想，其科学性、发展性、革命性、实践性和人民性等特征与思想意识之间形成的良性互动，促进了社会意识的层次提升，为我们坚持马克思主义指导思想一元化创造了良好的条件。

三、强化社会主义主流意识形态建设

当前世界，思想和价值观念多元多变，自社会主义诞生以来，“资”“社”意识形态之争从未停歇。随着信息化程度的加深，社会主义国家所面临的来自资本主义的意识形态斗争形式手段愈加激烈和隐秘，如何应对资本主义意识形态和各种敌对势力的攻势，巩固社会主义主流意识形态主导地位，成为我们研究意识形态和执政党建设方面的重要内容。在巩固社会主义社会主流意识形态的建设方面，应注意以下方面。

（一）明晰学术、思想认识与政治问题边界

在敌对势力和西方不良思潮屡屡进攻和世界共产主义运动处于低潮的阶段，站在马克思主义队伍中的人也出现了分化，如部分人放弃了马克思主义，有的加入了资本主义阵营。要巩固社会主义意识形态的主导地位，就要批判形形色色的思潮、价值观，明晰马克思和非马克思、反马克思之间的界限，弄清敌我友、学术问题和政治问题是首要问题。在实际工作和生活中，要用辩证思维和理性眼光正确科学地区分看待问题，既不能把一些纯粹的学术理论研究随意约束限制，也不能将政治是非原则问题当作学术问题导致其自由

泛滥，而是要把握两者间的平衡，而且最终还要以实践作为检验标准。反对或有别于主流意识形态的，不仅不受相关法律法规的保护，而且还要遭到法律的制裁。因此，对于学术问题，鼓励“百花齐放”“百家争鸣”；当然也不能反应过度，对于一般的人民内部矛盾需要加以引导、教育；事关方向、道路和根本原则，必须态度鲜明，不能模糊不定；对于反动言论和错误苗头、倾向，需要严重关切，坚决不可公开传播。在当前世界社会主义运动尚处于低潮，西方敌对势力仍然不断渗透、和平演变的情况下，各反马克思主义思潮以各种面具、形态出现在各领域，图谋意识形态，渗透、颠覆他国政权等。反马克思主义在不同领域有不同的表现，政治学领域从根本上否定马克思主义学说；用历史虚无主义、改良主义和无政府主义等攻击马克思主义唯物史观、剩余价值学说；在历史领域，各种历史虚无主义、新自由主义和各种伪命题等都必须以政治敏锐力、辨别力来甄别，予以坚决驳斥和反击，维护主流意识形态权威。如党的领导与法治，哪个更大？此外，还有很多其他形式的论调，如“马克思主义理论不能解决当前的实际问题”“马克思主义是 19 世纪的学说，今天已经过时了”等，面对这种似是而非的错误言论，必须保持清醒的头脑，增强辨别力，运用马克思主义武器坚决进行批判和斗争。

（二）正确处理坚持和发展马克思主义的关系

如何更好地坚持和发展马克思主义，将马克思主义以民众喜闻乐见、通俗易懂的方式呈现，让马克思主义中国化的成果进入“寻常百姓家”，是摆在理论研究者和政府相关部门面前的重大时代课题。在世界社会主义发展和共产主义运动遭受挫折、处于低潮时期，列宁认为：“为捍卫马克思主义基础而进行坚决顽强的斗争，又成为当前的迫切任务了。”“即将来临的历史时期，定会使马克思主义这个无产阶级的学说获得更大的胜利。”[①] 建立对待马克思主义的科学态度，担负起继承发展的时代课题是我们的责任使命。马克思主义与不同时代和国家实践相结合，从而产生了列宁主义、毛泽东思想等国别

① 列宁 . 列宁选集（第二卷）[M]. 北京：人民出版社，1995.

化的理论成果。列宁根据大量的革命实践，结合资本主义在经济、政治、文化等各方面出现的新问题新课题开展了深入系统的研究，在此基础上总结出了帝国主义时代资本主义发展的特点，创立了帝国主义理论。在十月革命爆发前后，列宁针对社会主义革命建设等问题开展了深入剖析。如在帝国主义学说，社会主义国家经济、政治、文化以及执政党建设等方面进行了理论和实践探索，总结了落后国家建设社会主义的经验，在很大程度上丰富发展了科学社会主义理论。列宁在继承和创新、发展、完善马克思主义理论体系方面为后来的马克思主义革命家、追随者和研究者树立了光辉榜样。列宁及其科学的学习研究态度、产生的理论实践成果都为马克思主义的发展完善作出了极大的贡献。综上，只有持科学的马克思主义态度才能真正地继承、发展马克思主义。

十一届三中全会以来，邓小平观察、分析和把握社会历史发展大势，将马克思主义灵魂赋予中国改革开放和社会主义现代化建设实践，引领中国走向经济社会发展的新时期，开创了中国特色社会主义道路、理论、制度，创立了邓小平理论，实现了对社会主义的新认识，形成了社会主义的理论新体系，达到了对马克思主义认识的新境界，结出了马克思主义中国化的新成果；以江泽民为主要代表的中国共产党人把中国特色社会主义事业推向新世纪，社会主义现代化建设事业蓬勃发展，展现了马克思主义的真理力量，深刻预示了马克思主义在两个世纪交替之间，以及在新世纪中必将展示的盎然生机；在 21 世纪新阶段，以胡锦涛为主要代表的共产党人根据新世纪、新阶段的新变化、新特征，在新的历史起点上坚持和发展了马克思主义，进一步拓展了中国特色社会主义的美好前景，进一步展现了马克思主义在中国特色社会主义事业中的作用。

党的十八大以来，以习近平同志为核心的党中央，坚持以马克思列宁主义、毛泽东思想、邓小平理论、“三个代表”重要思想、科学发展观为指导，坚持解放思想、实事求是、与时俱进、求真务实，坚持辩证唯物主义和历史唯物主义，紧密结合新的时代条件和实践要求，以全新的视野深化对共产党执政规律、社会主义建设规律、人类社会发展规律的认识，进行艰辛的理论探索，取得了重大的理论创新成果，创立了习近平新时代中国特色社会主义思想。这一重大思想的核心要义，就是坚持和发展中国特色社会主义，具体体现在它从理论和实践结合上系统地回答了新时代坚持和发展什么样的中国特色社会主义、怎样坚持和发展中国特色社会主义重大时代课题，回答了新时代坚持和发展中国特色社会主义的总目标、总任务、总体布局、战略布局和发展方向、发展方式、发展动力、战略步骤、外部条件、政治保证等基本问题，并且根据新的实践对经济、政治、法治、科技、文化、教育、民生、民族、宗教、社会、生态文明、国家安全、国防和军队、"一国两制"和祖国统一、统一战线、外交、党的建设等各方面作出理论分析和政策指导，为更好地坚持和发展中国特色社会主义提供了思想武器和行动指南。

马克思一直主张："我不主张我们竖起任何教条主义的旗帜。相反地，我们应当尽量帮助教条主义者认清他们自己的原理的意义……我们是从世界本身的原理中为世界阐发新原理。"[①] 在抗日战争初期，毛泽东就提醒我们注意："离开中国特点来谈马克思主义，只是抽象的空洞的马克思主义。因此，马克思主义的中国化，使之在其每一表现中带着中国的特性，即是说，按照中国的特点去应用它，成为全党亟待了解并亟须解决的问题。"[②] 邓小平也一再告诫我们："马克思主义理论从来不是教条，而是行动的指南。它要求人们根据它的基本原理和基本方法，不断结合变化着的实际，探索解决问题的答案，从而也发展马克思主义理论本身。"[③] 在坚持和发展马克思主义的基础上，江泽民指出："离开本国实际和时代发展来谈马克思主义，没有意义。孤立静止地研究马克思主义，把马克思主义同它在现实生活中的生动发展割裂开来、对立起来，没有出路。"[④] 胡锦涛强调指出："在当代中国，坚持中国特色社会主义理论体系，就是真正坚持马克思主义。"[⑤] 中国的社会主义实践已充

---

① 马克思，恩格斯 . 马克思恩格斯全集（第一卷）[M]. 北京：人民出版社，1956.

② 毛泽东 . 毛泽东选集（第二卷）[M]. 北京：人民出版社，1991.

③ 邓小平 . 邓小平文选（第三卷）[M]. 北京：人民出版社，1993.

④ 江泽民 . 江泽民论有中国特色社会主义（专题摘编）[M]. 北京：中央文献出版社，2002.

⑤ 胡锦涛 . 高举中国特色社会主义伟大旗帜 为夺取全面建设小康社会新胜利而奋斗 [M]. 北京：人民出版社，2007.

分证明：离开马克思主义的指导，丢弃马克思主义的旗帜，就会丧失立国之本，就会走到邪路上去；而背离马克思主义的学风，以僵化的、教条的眼光来对待马克思主义，同样会离开正确的道路，迷失前进的方向。习近平总书记说对待马克思主义，不能采取教条主义的态度，也不能采取实用主义的态度。有人说，马克思主义政治经济学过时了，《资本论》过时了。这个说法是武断的，对马克思主义的学习和研究，不能采取浅尝辄止、蜻蜓点水的态度。

（三）正确处理马克思主义指导地位与“双百”方针的关系

科学把握和贯彻马克思主义指导地位与“双百”方针问题是巩固加强马克思主义主导地位和社会主义主流意识形态的基础。思想自由、思维创新、氛围和谐是学者活力绽放和研究成果充分涌现的先决条件。学习领悟和贯彻好“双百”方针有利于促进各类理论流派、学术观点的争鸣、交流。“双百”方针是以毛泽东为代表的老一辈无产阶级革命家对意识形态和文化、文艺领域生态格局的良好愿望和策略，鼓励了理论家、艺术家等在生活和实际中对于认识和坚持真理的内生动力。

艺术和科学的本根在人民群众的生活中，在百姓的实践中，因此艺术和科学要实现长青，就必须要源于人民、创于实践、服务生活，这也就是毛泽东所提倡的科学、艺术等“双百”方针的根源所在，不是为了创作而创作，而是为了服务人民而创作。为人民服务，艺术发展和科学进步才能体现出其价值；为社会主义服务，就是为发展中国特色社会主义伟大事业服务，这是其发展的崇高使命。在“双百”方针中，马克思主义是占据指导地位的思想。正确贯彻“双百”方针，必须坚持用马克思主义占领意识形态领域阵地为基础和前提。意识形态领域马克思主义不去占领，反马克思主义思潮思想必然会去占领。尤其是当前我国意识形态领域还存在反马克思主义思潮复杂的情况下，绝不能给反马克思主义思潮以可乘之机，绝不能让这些不良思想占领理论、宣传和舆论阵地。但坚持马克思主义指导地位，不能排斥充分吸收世界文化包括中国传统文化的优秀成果。立足中国大地、反映人民意愿、顺应时代潮流、吸收外来优秀成果，是对待中国传统文化和外来文化的正确科学态度。对两者进行批判分析、汲取精华、剔除糟粕的过程，就是与中国实际和时代特征相结合，积极推动学术观点创新、学科体系创新和科研方法创新，不断开辟马克思主义和社会科学理论发展新境界的过程。

坚持马克思主义指导地位与贯彻“双百”方针是辩证统一的。贯彻“双百”方针，通过学术自由展开来发展和繁荣学术，可以促进马克思主义理论的发展，巩固马克思主义的指导地位；坚持马克思主义指导地位，也可以保证学术研究始终沿着正确的政治方向前进，避免出现思想上和理论上的混乱，不断加强中国特色社会主义文化建设。

因此，“百花齐放、百家争鸣”在于鼓励人们勇敢地和自由地探求客观真理，坚持马克思主义的指导地位则要求我们遵循科学真理，按照客观规律办事。既不能以强调坚持马克思主义的指导地位来否定贯彻“双百”方针，也不能以强调贯彻“双百”方针来否定坚持马克思主义的指导地位。

第四节 高校意识形态

一、高校意识形态研究现状

学界对于高校意识形态的研究呈现出视角多元、内容综合、问题突出等特征，如以网络新媒体为载体，以中国梦、社会主义核心价值体系、和谐社会和人的全面发展为内容，以文化为视域的研究格局。以网络信息技术为代表的新媒体突破了空间限制，给传统思想政治教育工作带来严峻挑战，也给思政工作研究提供了全新视角。

（一）高校意识形态研究视角及特征

1. 以网络信息技术为研究载体

网络信息技术的飞速发展催生了新媒体的野蛮态生长，给传统媒体的生存带来了极大挑战，目前网络新媒体已然成为最具生命力和发展前景的媒体业态。如魏晓文、王金玲、葛晨光等选择网络为载体来研究网络给我国高校意识形态带来的影响，并在此基础上探究网络意识形态安全的应对之策。

2. 以自媒体等新兴媒体为视角

自媒体等新媒体具有主体平等化、去中心化和话语平权化，代洪宝、顾晓静、熊小健等学者主要从新媒体的特性出发分析新媒体对高校意识形态及大学生的影响，指出高校意识形态话语权面临的挑战并提出有针对性的构建新的意识形态的教育方式。

3. 以主流价值观为研究切入点

肖泳冰、楚国清、张敬斌等学者均以社会主义核心价值体系为研究切入点，提出用社会主义核心价值体系引领高校意识形态建设的路径；王金锋强调对意识形态教育的合法性与必要性，提出与构建和谐社会相适应的高校意识形态教育原则建议，以应对意识形态挑战；陶培之认为意识形态价值合理性应以人的全面发展与否为依据以提高教育的针对性、有效性。

4.以文化传承创新为生长点

张果、崔健等以文化传承与创新为视角提出高校意识形态安全教育离不开文化传承与创新，在此过程中机遇与挑战并存；植凤英辩证地分析了多元文化对高校意识形态安全产生的影响，并提出了建设高校意识形态安全的建议；郭明哲、汪怡洋剖析了西方影视剧对我国高校意识形态的影响方式。此外，薛立刚通过立体式教育视角探讨高校意识形态教育的有效途径；莫岳云从宗教角度出发分析了境外宗教势力渗透给我国高校意识形态安全带来的挑战；薛花从情感方面探析了高校意识形态安全教育中应重视情感引发，将非理性化的情感转为大学生乐于接受的内容，并最终升华为人生信仰。

（二）高校意识形态面临的挑战与存在的问题

在经济全球化、信息网络化与文化多元化的社会进程中，我国高校意识形态工作机遇与挑战并存，面临着不少问题。关于存在的问题，学界以多样化视角开展研究。

魏晓文、葛程光、王玉玲等学者认为：信息化时代，媒体传播呈现多元化、去中心趋势，传统媒体话语权地位受到挑战，高校传统意识形态安全建设思维也有待转变，意识形态传播方式、引领作用和管控方式遭遇巨大冲击。网络新媒体的发展也为西方思想文化对我国进行意识形态入侵所利用，甚至成为西方意识形态渗透的工具。中西方思想意识的交锋和冲突此起彼伏，为此高校意识形态安全建设主流和意识形态防御工作也面临着巨大的挑战。网络时代，高校师生的意识形态安全建设也出现了弱化现象，加大了高校意识形态安全工作把控的难度；网络在为师生表达利益诉求提供了新方式、新途径的同时也为意识形态安全工作的环境提供了新的挑战。

目前学界认为多元文化背景下高校意识形态安全面临的问题与困境如下：

随着中西文化冲突的加剧，主流意识形态的影响力逐步减弱，大学生对主流意识形态的认同感因网络变量而存在较大变数；高校大学生对国家和民族文化的认同受多元文化冲击，尤其是受西方异质思潮影响而产生的历史虚无主义，带来了价值观和思想上的挑战和危机，并对高等教育目标实现带来了消极影响和不确定因素；高校意识形态存在的问题大都因多元文化意识形态网络传播而产生。

在网络自媒体迅猛发展的背景下，高校大学生的价值观引导和意识形态安全面临的挑战如下：一些敌对和渗透势力利用自媒体等新兴媒体的相对自由性、准入门槛低、虚拟去中心等特性，针对发展转型期凸显的贫富差距、贪污腐化等问题，在虚拟网络空间抨击抹黑社会主义，将马克思主义黑化、妖魔化、边缘化；以美国为首的西方势力借助自媒体平台对我国进行文化渗透；高校自媒体阵地建设基础薄弱，存在短板和不足。

邱勤认同面对文化多元化和新媒体给高校意识形态安全带来的威胁，创新意识形态教育内容和模式已迫在眉睫；刘福州认为目前高校意识形态工作存在地位弱化、作用不突出、实效性不强、阵地建设不够牢固等问题；王建南提出多元的思想意识、物质化的价值追求、信息化的舆情、活跃的社会意识、松散化课堂等是当前高校意识形态领域存在的突出问题。此外，也有学者认为境外敌对势力以宗教为载体对我国高校的文化价值观渗透现象是突出的。

（三）高校意识形态工作路径探析

学界对高校意识形态安全应对策略等方面取得了不少建设性成果。彭庆红基于强化高校意识形态工作的需要，提出从理论、制度、阵地、队伍四方面推进相关工作。陶培之从人的全面发展维度考虑提出，高校意识形态工作着力点应放在用以理服人的方式教育引导学生和用以情感人的方式帮助学生排忧解难等工作方面。还有学者提出加强高校意识形态建设应更加注重情感特性的发挥与运用，通过对意识形态教学内容的情感性发掘增强大学生对意识形态教育的认同；通过情感教学等提高大学生参与意识形态教育的积极性、主动性；通过对学习兴趣的满足和正向情感的激发来提高大学生学习的内生动力；通过教师人格魅力的提升来增强大学生对意识形态教育的认同感；以社会实践教学为载体增强大学生对意识形态教育的自身情感体验。学界普遍认为应该从以下几方面改善高校意识形态工作。

第一，巩固马克思主义指导地位，增强实现思想引领和价值引导，发挥社会主义核心价值体系的育人功用，增强大学生对社会主义主流意识形态的情感认同和价值认同。第二，直面全球化、网络化、新媒体、自媒体等带来的挑战，拓宽高校意识形态影响渠道和功用，通过引导式、体验式、互动式和渗透式等方式来开展主流意识形态教育，使虚拟空间与现实空间的和谐与统一得以实现。第三，思想政治理论课的主渠道、主阵地的作用需充分发挥。理论联系实际，构建学习实践长效机制，巩固社会主义意识形态教育的主阵地地位；通过改进教育的方式和方法来构建科学的课程体系，增强社会主义意识形态的说服力和感染力；通过队伍建设的加强和理论研究水平的提高，使社会主义意识形态的时代性和先进性得以体现；思想政治理论课教师要在教学中践行“底线思维”。第四，把经典著作研读作为深化高校意识形态教育的关键路径之一。第五，加强对师生的价值取向引导的重视，通过对高校防范西方意识形态渗透的人文环境的建构，抵御“西化”对主流意识形态的侵蚀和隐蔽性渗透。第六，探索构建学校、家庭、社会结合的意识形态教育模式和“三维一体”的教育联动机制的有效途径，充分发挥学校、社会和家庭的作用。

二、不足与未来展望

从整体上来看，学界对网络思想政治教育的研究是较为成熟、完善的，但也还存在着缺点和不足：首先，研究视角的广度还有待扩展。当下大部分研究聚焦于网络化、文化多元化、中国梦、社会主义核心价值观、思想价值、意识形态引领等领域，但是从心理学、艺术学、伦理学等领域作交叉学科研究的较少。其次，特色不突出，同质化明显。高校意识形态的地理空间具有普遍性、特殊性和个性不明显，缺乏重点性，缺乏具有实效性的建设路径等特点。不同地域高校意识形态存在的问题也不尽相同，解决对策也必然会存在差别。少数民族、边疆等地区的高校意识形态工作需要重点加以关注，但目前相关研究整体上还不够，高质量高层次的研究成果更是凤毛麟角。最后，研究方法及成效还有待创新和提高。当前研究普遍通过文献法开展，少数采用个案研究法、比较法和问卷调查法。

高校意识形态工作是一项极其重要且需要做好的政治性任务，为进一步深化高校意识形态研究，提高工作的针对性、实效性和引导性，今后可在以下几个方面加大力度。

第一，从心理学、伦理学等视角研究高校意识形态面临的困境及原因；第二，加强少数民族地区高校意识形态研究，特别是敌对势力渗透的重点地区；第三，加强对西方意识形态渗透渠道，如宗教活动、网络信息、电视文化作品等对我国高校意识形态的影响研究；第四，加强对高校意识形态的实证研究，以事实反馈推动和提高研究的质量；第五，研究如何建立高校意识形态的科学的实施体系和考核系统，提高高校意识形态工作的实际作用和价值，避免工作上的形式主义。

第三章

社会主义核心价值观及其新媒体传播发展

第一节　社会主义核心价值观

在一个国家和民族发展的漫漫长河中，核心价值观的意义十分突出。“社会主义核心价值观是当代中国精神的集中体现，凝结着全体人民共同的价值追求。”[①] 就国家未来发展而言，只有我们不断加强社会主义核心价值观建设，充分发挥社会主义核心价值观的引领作用，将社会主义核心价值观与新媒体完美地结合，才能为实现社会主义现代化强国、实现中华民族复兴伟业注入磅礴之力。

一、社会主义核心价值观的国内研究现状

国内学者们有关社会主义核心价值观的研究涉猎范围广泛、内容丰富、成果繁多。截至 2021 年 8 月 26 日，在中国知网主题搜索中键入“社会主义核心价值观”一词，可以检索到的文章有 84355 篇；以“社会主义核心价值观”为篇名进行搜索，能找到 29057 篇文章。以上这些文章大多从价值观定义辨析和社会价值观内涵探讨、我国社会价值观建设状况、构建社会主义核心价值观的原因分析、如何建设社会主义核心价值体系、社会主义核心价值观的理论根基、关于人们对社会主义核心价值观的认同系列研究、社会主义核心价值观与新媒体的关系等方面开展研究。下面仅就“社会主义核心价值观理论根基的研究”“构建社会主义核心价值观的原因分析研究”“社会主义核心价值观认同系列研究”“社会主义核心价值观与新媒体的关系研究”四个

① 习近平 . 决胜全面建成小康社会　夺取新时代中国特色社会主义伟大胜利——在中国共产党第十九次全国代表大会上的报告 [M]. 北京：人民出版社，2017：42.

方面作简要概括。

（一）社会主义核心价值观理论根基的研究

学术界普遍认为，马克思主义理论是社会主义核心价值观的主要理论根基，中国共产党的价值追求是社会主义核心价值观的直接来源，如东北师范大学的赵天睿认为：“中国特色社会主义核心价值观是中国共产党带领全国人民在奋斗过程中逐步形成和完善的，其中，为人民服务是社会主义核心价值观的思想源泉，按照马克思主义历史辩证唯物主义的观点，历史是劳动人民创造的，人民是国家建设和发展的中心。中国共产党经过几代人的努力，在实践中不断丰富为人民服务的科学内涵。”[①]

（二）构建社会主义核心价值观的原因分析研究

2016 年，习近平总书记在哲学社会科学工作座谈会上指出：“高校哲学社会科学有重要的育人功能，要面向全体学生，帮助学生形成正确的世界观、人生观、价值观，提高道德修养和精神境界，养成科学思维习惯，促进身心和人格健康发展。”[②] 如西安石油大学的白晓梅认为：“社会主义核心价值观是推动我国经济社会发展的重要精神支柱，是协调推进‘四个全面’战略布局的精神动力，培育和践行社会主义核心价值观是当代大学生‘成长成才，立德修业’目标的具体实践。”[③]

（三）大学生对社会主义核心价值观认同现状的研究

大学生作为特殊的青年群体，其对国家和民族未来的重要性不可忽视。如何对大学生进行科学的价值引导，如何加强对大学生社会主义核心价值观的认同培育工作以促使大学生成长为对国家、对民族、对人民有益的人，这

---

① 赵天睿．中国特色社会主义核心价值观的培育与践行研究 [D]. 长春：东北师范大学，2017.

② 习近平．论党的宣传思想工作 [M]. 北京：中央文献出版社，2020：234.

③ 白晓梅．当代大学生培育和践行社会主义核心价值观的必要性和路径研究 [J]. 农村经济与科技，2018，29（23）：287-288.

是家庭、学校、政府、社会的共同责任，也是新时代我国高校思想政治教育工作中的重要任务。南京工业大学的毛雁杰通过引用一些数据分析了大学生在国家层面上价值目标不坚定、在社会层面上价值取向认识片面以及个体的价值取向和行为准则偏失的社会主义核心价值观认同问题[①]。虞莉认为，大部分的大学生对社会主义核心价值体系具有高度的认同感，但也有小部分学生存在认知认同不全面、情感认同不稳定、行为认同不一致的问题[②]。

（四）社会主义核心价值观与新媒体的关系研究

在信息化迅速发展的当今社会，在各国文化相互激荡、多种价值观相互碰撞的背景下，如何剔除一些腐朽、落后的价值观念对大学生的负面影响，如何促使马克思主义理论进学生头脑，引导大学生树立正确的世界观、人生观、价值观是大学生思想政治教育的核心工作之一。马燕认为，在青年群体新媒体政治参与过程中，媒体议程、信息流通、理念趋同、公共利益、媒介素养等要素对政治参与效能起关键影响，据此提出优化青年对核心价值观认同的“运用先进媒介技术，辅助政治主题新闻的议程设置”“在涉及政治参与的媒体应用中嵌入交互元素”“媒体为青年提供表达政治和文化理念的多元化平台”“运用大数据技术，精准定位符合青年利益的公共话题”“创新媒介素养教育”等五个方面的对策[③]。陈宸认为，全媒体时代，社会主义核心价值观话语权的实现有了新空间与新机遇，但同样也有新考验和新挑战。面对机遇与挑战，只有坚持正确的新闻观——马克思主义新闻观，确保党的领导核心，从问题出发、适应形势发展才能提升社会主义核心价值观的话语权[④]。袁樱认为：“以新媒体为主导的新型传播媒介快速发展，其中微信公众

① 毛雁杰.大学生社会主义核心价值观认同问题研究——基于马克思主义认识论视角[D].南京：南京工业大学，2018.

② 虞莉.论大学生社会主义核心价值体系认同的缺失与矫正[J].湖北经济学院学报（人文社会科学版），2016，13（9）：18-19.

③ 马燕.基于新媒体政治参与的青年价值观认同[J].青年记者，2021（8）：48-49.

④ 陈宸.全媒体时代社会主义核心价值观话语权提升路径探析[J].新闻爱好者，2021（6）：88-90.

平台已经成为当下大学生广泛应用的社交媒体。高校要充分认识微信公众平台信息传播对大学生的影响，改变传统教育模式和方法，利用其优势开展社会主义核心价值观教育，提高大学生的政治认知和核心素养，切实有效提升大学生思想政治教育的教育效果。”[①] 加强社会主义核心价值观与新媒体关系的研究，是社会主义核心价值观目前及未来研究的一个十分重要的方向。如何发挥好新媒体对社会主义核心价值观宣传力度、传播速度、影响力量等方面的作用，如何利用新媒体创新社会主义核心价值观培育的方式、方法、路径，将是值得探讨的重要话题与研究领域。

总体上看，学者们对社会主义核心价值观研究很多，为后人研究提供了可借鉴的基础，但对于如何从较深层次上更系统地探究结合新媒体的发展传播和弘扬社会主义核心价值观还不够深入，这也为后人的研究提供了指向。

二、社会主义核心价值体系相关内容概述

社会主义核心价值观不是凭空出现的，是对社会主义核心价值体系的凝练表达。“社会主义核心价值观和社会主义核心价值体系，两者是紧密联系、互为依存、相辅相成的。社会主义核心价值观是社会主义核心价值体系的精神内核，它体现了社会主义核心价值体系的根本性质和基本特征，反映了社会主义核心价值体系的丰富内涵和实践要求，是社会主义核心价值体系的高度凝练和集中表达。”[②] 因此，只有对社会主义核心价值体系有清晰的认识和深刻的了解，才能更准确、更科学地把握社会主义核心价值观的系列内容。

（一）社会主义核心价值体系形成中的几次重要会议

核心价值体系作为社会意识形态的主体，在整个社会价值体系中的作用

① 袁樱．微信公众平台培育大学生社会主义核心价值观路径研究 [J]. 郑州铁路职业技术学院学报，2021，33（1）：107-109.

② 本书编写组．思想道德修养与法律基础 [M]. 北京：高等教育出版社，2018：75.

十分明显，对整个社会的思想文化具有强大的指向作用。社会主义核心价值体系顾名思义指的是在社会主义社会中起着根本导向作用的价值取向、价值追求、价值期待、价值遵循等的有机综合体，能反映出社会主义社会的属性、性质的要求。

2006 年 10 月，党的十六届六中全会的召开可以说对社会主义核心价值体系的形成具有十分重要的历史意义，会议通过了《中共中央关于构建社会主义和谐社会若干重大问题的决定》，提出“建设社会主义核心价值体系，形成全民族奋发向上的精神力量和团结和睦的精神纽带”；指出“马克思主义指导思想，中国特色社会主义共同理想，以爱国主义为核心的民族精神和以改革创新为核心的时代精神，社会主义荣辱观，构成社会主义核心价值体系的基本内容”；提出“坚持把社会主义核心价值体系融入国民教育和精神文明建设全过程，贯穿现代化建设各方面”①。这是党中央首次明确提出“建设社会主义核心价值体系”的重大命题。2007 年 6 月 25 日，在中央党校省部级干部进修班上，胡锦涛指出：“要大力建设社会主义核心价值体系，巩固全党全国各族人民团结奋斗的共同思想基础。”② 2007 年 10 月党的十七大召开，胡锦涛在会上指出：“建设社会主义核心价值体系，增强社会主义意识形态的吸引力和凝聚力。社会主义核心价值体系是社会主义意识形态的本质体现。要巩固马克思主义指导地位，坚持不懈地用马克思主义中国化最新成果武装全党、教育人民，用中国特色社会主义共同理想凝聚力量，用以爱国主义为核心的民族精神和以改革创新为核心的时代精神鼓舞斗志，用社会主义荣辱观引领风尚，巩固全党全国各族人民团结奋斗的共同思想基础。”③ 2011 年 11 月，党的十七届六中全会提出了许多新思想、新论断，明确提出“社会主义核心价值体系是兴国之魂，是社会主义先进文化的精髓，决定着

---

① 中共中央关于构建社会主义和谐社会若干重大问题的决定 [EB/OL].（2006-10-11）. https://www.gov.cn/govweb/gongbao/content/2006/content_453176.htm.

② 胡锦涛在中央党校省部级干部进修班发表重要讲话 [EB/OL].（2007-06-25）.https://www.chinanews.com/gn/news/2007/06-25/964972.shtml.

③ 胡锦涛在党的十七大上的报告（全文）[EB/OL].（2007-10-25）.https://www.chinadaily.com.cn/hqzg/2007-10/25/content_6205616.htm.

中国特色社会主义发展方向"[①]。2012 年 11 月的中共十八大上，胡锦涛进一步指出："加强社会主义核心价值体系建设。社会主义核心价值体系是兴国之魂，决定着中国特色社会主义发展方向。要深入开展社会主义核心价值体系学习教育，用社会主义核心价值体系引领社会思潮、凝聚社会共识。"[②] 这样，社会主义核心价值体系便被提升到了中国特色社会主义事业发展的一个非常重要的位置。2017 年 10 月，习近平总书记在党的十九大报告中指出，"坚持社会主义核心价值体系"，"必须坚持马克思主义，牢固树立共产主义远大理想和中国特色社会主义共同理想，培育和践行社会主义核心价值观，不断增强意识形态领域主导权和话语权"，把"坚持社会主义核心价值体系"作为新时代坚持和发展中国特色社会主义的十四条基本方略之一，可想而知其重要性[③]。

（二）社会主义核心价值体系的基本内容

一个社会在其自身发展中有赖以维系的价值体系，社会主义社会依旧如此。党的十六届六中全会指出，"马克思主义指导思想，中国特色社会主义共同理想，以爱国主义为核心的民族精神和以改革创新为核心的时代精神，社会主义荣辱观，构成社会主义核心价值体系的基本内容"[④]，这四个方面紧密相连，构成了一个完整、有机的整体。这表明我们党对社会主义文化规律的认识进一步明了，对社会主义占据主导、支配作用的价值取向、价值追求、价值原则等的基本认识有了重大进展。

① 十七届六中全会公报（全文）[EB/OL].（2011-11-24）.https://cn.chinagate.cn/zhuanti/whcyfz/2011-11/24/content_23996878_3.htm.

② 胡锦涛在中共第十八次全国代表大会上所作报告 [EB/OL].（2012-11-17）.politics.people.com.cn/n/2012/1117/c1024-19611447-5.html.

③ 习近平 . 决胜全面建成小康社会 夺取新时代中国特色社会主义伟大胜利——在中国共产党第十九次全国代表大会上的报告 [M]. 北京：人民出版社，2017：23.

④ 中共中央关于构建社会主义和谐社会若干重大问题的决定 [EB/OL].（2006-10-11）.https://www.gov.cn/govweb/gongbao/content/2006/content_453176.htm.

1. 马克思主义指导思想

1840 年鸦片战争以后，随着帝国主义的入侵，中国逐步沦为了半殖民地半封建社会。此时的中国内无民主外无独立，无数仁人志士开始探索能够解救中华民族、解救中国人民、争取翻身得解放的道路，但改良主义、自由主义、实用主义都没能解决中国前途和命运的问题。1917 年，俄国爆发的十月革命给我们送来了一种全新的学说、全新的理论，那就是马克思列宁主义。一批先进的知识分子如李大钊、陈独秀、陈望道等，逐步接受并传播马克思主义，对马克思主义在中国的传播作出了突出贡献。1919 年五四运动的爆发，在整个中华民族发展史上意义非凡、影响深远。“五四运动，以彻底反帝反封建的革命性、追求救国强国真理的进步性、各族各界群众积极参与的广泛性，推动了中国社会进步，促进了马克思主义在中国的传播，促进了马克思主义同中国工人运动的结合，为中国共产党成立做了思想上干部上的准备”[①]，标志着中国无产阶级作为一支独立的政治力量登上了历史舞台。1921 年，中共一大的召开标志着中国共产党的诞生，中国无产阶级终于有了属于自己的、能够站在自己一边的政党。中国共产党从成立开始，就是一个以先进而科学的理论即马克思主义为指导的党，而且中国共产党善于将马克思主义和中国实际相结合，不论在实践上还是在理论上都进行了前所未有的探索，不断推动马克思主义中国化的进程。马克思主义并不是晦涩难懂的学说而是一种科学的理论，它为人类社会发展进步指明了正确方向；马克思主义不是为一己之力，而是站在广大无产阶级的立场，以实现全人类的自由和全面发展为己任；马克思主义是一种伟大的科学理论，它为我们指明了前进的方向，勾勒了美好画卷；马克思主义作为认识和改造世界的“最伟大工具”，是人们认识、分析与解决问题的最强有力、最真实的思想武器；马克思主义作为无产阶级自身解放的科学理论，内涵丰富，博大精深，是一种最伟大、最科学、最具魅力的理论。马克思主义是我们立党立国的根本指导思想，为我们提供了处理问题和解决问题的最根本的正确立场、观点、方法，指引着我们取得

① 习近平 . 在纪念五四运动 100 周年大会上的讲话 [EB/OL].（2019-04-30）. http://www.xinhuanet.com/politics/leaders/2019-04/30/c_1124436427.htm.

革命、建设、改革一系列巨大成就。马克思主义是社会主义意识形态的旗帜，在社会主义核心价值体系中处于灵魂的地位。要形成全民族团结奋进、昂扬向上的精神风貌，凝聚伟大的中国力量，就必须始终坚持马克思主义在意识形态中的指导地位。

2. 中国特色社会主义共同理想

理想是什么？理想是在实践的基础上形成的人们对未来美好生活的憧憬，它总是指向未来。共同理想又是什么？共同理想顾名思义就是一定历史时期人们所共同追求和向往的目标。改革开放以来，坚持和发展中国特色社会主义就是我们党全部理论和实践的主题。在我国，在党的领导下推进伟大事业，建设社会主义现代化强国，实现中华民族伟大复兴，必须树立中国特色社会主义共同理想。作为社会主义核心价值体系的主题，中国特色社会主义共同理想具有极大的感召力。在中国共产党的领导下，坚定不移地走自己的路——中国特色社会主义道路，把我国建设成为富强、民主、文明、和谐、美丽的社会主义现代化强国，实现中华民族伟大复兴，是现阶段中国各族人民的共同理想。“社会主义制度保证了最广大人民根本利益的一致，从而为全社会树立共同理想创造了历史条件。”[①] 历史和现实告诉我们，中国只有走社会主义道路，走中国特色社会主义道路，才能在“运动”中“发展”，才能在“和谐”中“前进”。习近平总书记指出：“中国特色社会主义，是科学社会主义理论逻辑和中国社会发展历史逻辑的辩证统一，是根植于中国大地、反映中国人民意愿、适应中国和时代发展进步要求的科学社会主义，是全面建成小康社会、加快推进社会主义现代化、实现中华民族伟大复兴的必由之路。”[②] 在对这条路的探索中，我们历尽艰辛，我们同样信心满满。坚定中国特色社会主义的共同理想不放松，坚定“四个自信”不迟疑，方能为我们驶向更远

① 张军成 . 价值观的力量——大学生社会主义核心价值观教育研究 [M]. 北京：光明日报出版社，2016：4.

② 《求是》杂志发表习近平总书记重要文章 关于坚持和发展中国特色社会主义的几个问题 [EB/OL].（2019-04-01）.https://cpc.people.com.cn/n1/2019/0401/c64094-31005396.html.

方提供源源动力。

3. *以爱国主义为核心的民族精神和以改革创新为核心的时代精神*

“精神”对于一个国家、一个民族的生存和发展至关重要。民族精神和时代精神作为一种精神力量，共同构成了中华民族源源不断、延续至今的精神品质，是中华民族屹立于世界民族之林的精神动力，是社会主义核心价值体系的精髓。“民族精神是一个民族在长期共同生活和社会实践中形成的，为本民族大多数成员所认同的价值取向、思维方式、道德规范、精神气质的总和，是一个民族赖以生存和发展的精神支柱”①，是“一个民族文化传统、精神风貌等的集中体现，是一个民族生生不息、薪火相传的精神血脉，是民族文化最本质、最集中的体现”②。中华民族上下五千年的辉煌历史，“中国人民特质、禀赋不仅铸就了绵延几千年发展至今的中华文明，而且深刻影响着当代中国发展进步，深刻影响着当代中国人的精神世界。中国人民在长期的奋斗中培育、继承、发展起来的伟大民族精神，为中国发展和人类文明进步提供了强大精神动力”③。在整个中华民族发展过程中，中华民族形成了以爱国主义为核心的民族精神。爱国主义是中华儿女对自己祖国的深深情感，一部中华民族的发展史，就是一部中华儿女书写不懈奋斗、热爱祖国的爱国史。“爱国主义成为动员和鼓舞人们为祖国的生存发展前赴后继、奋斗不息的伟大精神旗帜。”④“中国人民是具有伟大创造精神的人民，中国人民是具有伟大奋斗精神的人民，中国人民是具有伟大团结精神的人民，中国人民是具有伟大梦想精神的人民”⑤，这是习近平总书记对中国人民的崇高赞许，也是对中国精神最深刻的表达与阐释。

以爱国主义为核心的伟大民族精神，是我们行稳致远的底气和精神支柱，是整个中华民族能够代代相传、行稳致远的根本力量。“时代精神是一个国家

① 本书编写组．思想道德修养与法律基础[M]. 北京：高等教育出版社，2018：48.
② 张军成．价值观的力量——大学生社会主义核心价值观教育研究[M]. 北京：光明日报出版社，2016：4.
③ 习近平．习近平谈治国理政（第三卷）[M]. 北京：外文出版社，2020：140.
④ 本书编写组．思想道德修养与法律基础[M]. 北京：高等教育出版社，2018：49.
⑤ 习近平．习近平谈治国理政（第三卷）[M]. 北京：外文出版社，2020：140-141.

和民族在新的历史条件下形成和发展的，是体现民族特质并顺应时代潮流的思想观念、价值取向、精神风貌和社会风尚的总和，是一种对社会发展具有积极影响和推动作用的集体意识。"[①]改革开放以来，党领导和带领全国各族人民立足新的实际赋予伟大民族精神新的内涵，形成了以改革创新为核心的时代精神。当你感动于"载人航天精神"时，当你感动于"奥运精神"时，当你思考"伟大抗震救灾精神"时，当你体悟"伟大抗疫精神"时，其实思索许久，我们会发现这恰恰都展现了中华民族的精神品质，更是当今中国时代精神的体现。以改革创新为核心的时代精神，体现了马克思主义发展的观点和与时俱进的理论品质，深深地融于中国特色社会主义伟大实践之中，深深地融于我国各族人民团结奋斗的伟大实践之中，体现了当代中国人民的整体精神风貌，是再创新成绩的宏大力量。

4. 社会主义荣辱观

"荣辱观是人们对荣誉和耻辱的根本看法和态度，属于道德的范畴。社会主义荣辱观是社会主义思想道德体系全面系统、准确通俗的表达"[②]，是社会主义市场经济条件下全体中国人民应该遵守的道德观念，是社会主义核心价值体系的基础。荣辱观具有历史性、时代性、阶级性，不同时代、不同社会形态下的不同阶级有着不同的道德观，其荣辱观也呈现出不一样的特点。2006 年 3 月 4 日，胡锦涛在全国政协民盟、民进联组会上提出社会主义荣辱观，即"以热爱祖国为荣、以危害祖国为耻，以服务人民为荣、以背离人民为耻，以崇尚科学为荣、以愚昧无知为耻，以辛勤劳动为荣、以好逸恶劳为耻，以团结互助为荣、以损人利己为耻，以诚实守信为荣、以见利忘义为耻，以遵纪守法为荣、以违法乱纪为耻，以艰苦奋斗为荣、以骄奢淫逸为耻"[③]。这很鲜明地向人们展示出了我们怎么做是光荣的，而哪些又是可耻的，

---

① 本书编写组 . 思想道德修养与法律基础 [M]. 北京：高等教育出版社，2018：50-51.

② 张军成 . 价值观的力量——大学生社会主义核心价值观教育研究 [M]. 北京：光明日报出版社，2016：5.

③ 社会主义荣辱观 [EB/OL].（2013-06-05）.https://qzlx.people.com.cn/n/2013/0605/c364582-21742365.html.

一目了然，清晰明确。这是党中央立足全体中国人民的思想道德水平，从现实存在的道德问题出发对我们需要什么样的荣辱观而作的深刻概括。在改革开放和社会主义市场经济条件下，我们应该真正提倡什么、旗帜鲜明地反对什么；哪些是人们追求的“美好”，哪些是人民反对的“丑恶”；判断人们行为正确与否、社会真正需要的正确的价值准则是什么等问题，是思想道德建设的重要任务。以“八荣八耻”为主要内容的社会主义荣辱观的提出，为人们进行正确的道德选择提供了基本遵循和指向，为人们践行正确的道德行为指明了方向和目标，对于社会主义市场经济条件下培育良好的道德风尚具有重大的指引作用。

（三）社会主义核心价值观凝练概括及其内涵

2012 年 11 月，党的十八大报告提出，要“加强社会主义核心价值体系建设”，“倡导富强、民主、文明、和谐，倡导自由、平等、公正、法治，倡导爱国、敬业、诚信、友善，积极培育和践行社会主义核心价值观”①。2013 年 12 月，中共中央办公厅印发《关于培育和践行社会主义核心价值观的意见》指出：“富强、民主、文明、和谐是国家层面的价值目标，自由、平等、公正、法治是社会层面的价值取向，爱国、敬业、诚信、友善是公民个人层面的价值准则，这 24 个字是社会主义核心价值观的基本内容，为培育和践行社会主义核心价值观提供了基本遵循。”②

1. 国家层面的价值目标：“富强、民主、文明、和谐”

作为国家层面的价值目标，“富强、民主、文明、和谐”具有凝心聚力、鼓舞人心的作用。“富强”即通过不断发展生产力、解放生产力，创造更多的物质财富，既有使国家更强大、经济实力更强的一面，也有使人民生活更富裕、实现人民对美好生活的目标追求的一面。把“富强”作为社会主义核心

---

① 胡锦涛在中共第十八次全国代表大会上所作报告 [EB/OL].（2012-11-17）.politics.people.com.cn/n/2012/1117/c1024-19611447-5.html.

② 中共中央办公厅印发《关于培育和践行社会主义核心价值观的意见》[EB/OL].（2013-12-23）.https://www.wenming.cn/ll_pd/shzyhxjztx/201312/t20131223_1654835.shtml.

价值观的首要内容，体现了马克思主义的立场。如何实现人的自由而全面发展，需要有坚实的物质基础，只有国家越来越富强才会为人的自由而全面的发展提供物质前提和保障。“富强”一直是人们的美好期望和不懈追求。“民主”是人们的政治向往、政治理想，是人类政治文明和中国特色社会主义政治目标的重要体现。与我们国家性质相一致，我国社会主义民主政治的本质就是人民当家作主。“民主”具体体现在选举、决策、管理、监督等方面，也体现在国家政治制度安排等方面。“文明”是人类社会进步的重要标志之一，是一个国家思想文化精神面貌总体性状态的描述。“把文明列为社会主义核心价值观，强调建设社会主义文明国家，是我们党领导革命、建设和改革的重要追求”[①]，代表着社会主义先进文化的发展要求，也体现着社会主义精神文化的目标。“和谐”是人类孜孜不倦的追求，也是中华优秀传统文化的基本理念之一。“和谐”意味着人与人、人与社会、人与自然等各个方面都达到和谐共处，比较“完美”，能实现可持续的一种状态，意味着经济、政治、文化、社会、生态等方面的平衡、充分协调，比较“谐顺”，能体现出久远性的一种态势。

2. 社会层面的价值取向：“自由、平等、公正、法治”

“自由、平等、公正、法治”，是中国共产党不懈努力奋斗而追求的社会发展期待。“自由”是指要消灭阶级压迫的不平等制度，实现人的解放，不断提高和发展社会的生产力，使人们生活得更好。我国宪法明确规定，“中华人民共和国公民有言论、出版、集会、结社、游行、示威的自由”[②]，这充分体现了我们对“自由”的向往、尊重和保护。但是我们所说的自由不是绝对的，而是相对的，是在法律允许下的自由。把“自由”纳入社会主义核心价值观的主要内容之一，旨在使其成为人人遵守的价值标准，并通过不断完善社会各项建设，为最终实现人的全面而自由的发展提供保障。“平等”是指每个人生而是平等的，没有高低贵贱之分，每个人在经济、政治、文化、社会等方面都应

---

① 凤淼 . 简析社会主义核心价值观的科学内涵 [J]. 教育教学论坛，2020（17）：64-65.

② 中华人民共和国宪法 [EB/OL].（2018-03-22）.https://www.xinhuanet.com/politics/2018lh/2018-03/22/c_1122572202.htm.

该享有宪法和法律规定的权利而不受歧视，同时也意味着每个人都应该承担宪法和法律规定的义务。把“平等”作为社会主义核心价值观的主要内容之一，体现了马克思主义执政党的价值所向。它要求我们要树立平等的观念，不断完善法律法规来保障全体人民的合法权益，共享社会发展的成果。“公正”是指“将某种被普遍认同的原则或标准普遍地无偏颇地适用于一切人，对社会资源进行合理的分配以给予人们各自应得的权益和结果，既包括程序公正也包括实体公正。”①“公正”是在人类发展的长河中，人们一直期盼的美好愿景。实现社会公正，让人们感受到社会的公平正义，更是中国特色社会主义的内在要求。把“公正”作为社会主义核心价值观的主要内容之一，在于通过不断完善社会发展的各项制度为保障社会公平正义保驾护航，真正实现社会公正、社会和谐。“法治”与“人治”是相对而言的概念，“法治”强调法律在整个社会中的至高无上性，任何人都不能有超越宪法和法律的特权，任何人都不能凌驾于法律之上，整个国家治理靠的是“法治”而不是“人治”。“法治”是国家稳定发展的重要保障。把“法治”作为社会主义核心价值观的主要内容之一，就在于要“实现科学立法、严格执法、公正司法、全民守法的局面”②。

3. 个人层面的价值准则：“爱国、敬业、诚信、友善”

“爱国、敬业、诚信、友善”，是每个公民都应该做到的最基本的行为规范，是每个人都应该遵循的道德准则和要求。在中华民族悠久的历史文明发展中，爱国主义始终是贯穿其中的主要内容、主旋律。“爱国”是公民对国家的一种积极稳定的感情，是每个公民都应该自觉履行的义务。我们要做忠诚的爱国者，为国家的发展贡献自己的一份力量。把“爱国”作为社会主义核心价值观的主要内容之一，就是要求人们要正确处理好个人与祖国之间的关系，要增强爱国意识，强化对国家的责任与担当，为中华民族伟大复兴不懈奋斗。“敬业”强调的是一种职业精神和职业准则，就是指个人对待自己所从事职业的一种态度，要热爱自己的职业，恪尽职守做好自己的职业，全身心

① 张军成．价值观的力量——大学生社会主义核心价值观教育研究 [M]. 北京：光明日报出版社，2016：5.

② 凤焱．简析社会主义核心价值观的科学内涵 [J]. 教育教学论坛，2020（17）：65-66.

投入自己的职业中来，为自己的职业尽职尽责不断努力奋斗。把“敬业”列为社会主义核心价值观主要内容之一，就是要人们牢记职业要求，坚守职业岗位，弘扬职业精神，为社会创造更多的财富。“诚信”即诚实守信，没有欺骗。人不信则不立，诚信是一个人安身立命之根本。把“诚信”作为社会主义核心价值观的主要内容之一，就是要人们在交往中重视诚信，增强对诚信的认同，做到言行一致，弘扬诚信、惩戒失信，促使社会形成一种“可信赖”的良好环境。“友善”是指人与人之间要和睦相处、宽以待人、助人为乐。友善是中华民族最基本的传统美德，也是公民应该遵守的道德规范之一。把“友善”作为社会主义核心价值观的主要内容之一，就是要鼓励和引导人们善待他人、养浩然之气，对他人多一些宽容、多一些谅解，形成温馨、和谐、高尚的社会风气。

（四）社会主义核心价值观在大学生群体中培育践行现状

目前，各高校都把对大学生的社会主义核心价值观教育作为工作的重点，通过一系列的制度安排、活动举办、理论宣讲等形成了学习和实践社会主义核心价值观的一片大好景象。但是社会主义核心价值观在大学生群体中培育和践行也受到诸多因素的影响，导致很多方面存在亟待解决的问题。

1. 错误与腐朽价值观念的现实存在

这主要体现在深受市场经济及经济全球化发展的影响。作为一种竞争性的经济，市场经济本身具有自发性、盲目性、滞后性等弱点和缺陷。在此背景下，也极容易出现类似拜金主义、享乐主义、极端个人主义等的错误和腐朽的价值观。市场经济条件下，人们的价值观念悄然发生变化，其中也不乏对大学生价值观的影响。经济全球化背景下，国与国之间的联系相比以往更加密切，经济往来、文化交流下的多种价值观念在更大程度上影响了人们的价值观念形成，其中不乏一些错误价值观的误导。王东红、刘利娟指出：“在越来越多的大学生身上，集体主义、价值理性日渐被利己主义、工具理性取代，道德规范的失序导致越来越多的大学生出现以自我为中心的行为取向。”[①] 王晓惠指出：“随着经济全球化和社会文化的日益多元化，大学生的价值观在利己、金钱至上等陈腐观念的侵袭下发生蜕变。”[②]

2. 部分学生学习与践行的积极性不高

互联网的出现，深刻影响着整个社会的发展，促使着人们可以以更便捷的方式获取多种信息。当然，我们也要看到其中的消极影响。如高校中有一部分学生沉迷于网络，参与课堂交流的积极性不够，只关注网络游戏、网络信息，从而引起精神颓废的现象，不利于正确价值观的形成。另外，西方腐朽错误的价值观潜移默化地进入大学生思想领域，由于大学生本身缺乏辨别真假、正误信息的能力，往往会受到资本主义道德观、价值观的影响，从而影响社会主义核心价值观在学生中的培育和践行。

3. 理论学习与实践体验脱节

新时期，虽然各高校都在积极探索育人新模式、新机制，也取得了不少成就，但是从总体上看高校育人模式、育人机制在很大程度上依然没有摆脱以往传统模式的影响，存在不健全的特点。一方面，课堂教学效果不显著。高校课堂教学涵盖知识点多，内容丰富，在这种情况下往往采用“满堂灌”的教育模式以完成教学任务，与学生互动不够，启发学生思考问题不够，很大程度上不能调动学生学习的积极性、主动性，对学生价值观引领不明显。另一方面，教学方式方法单一，课内教学与课外实践未能达到有机结合，教育对学生起到的引领作用不够明显。理论来源于实践，实践又是检验真理的唯一标准。只有经过学习实践、再学习再实践等一系列的过程，才能让学生真正理解是什么、为什么、怎样做。事实证明，高校教育在这方面还存在一定薄弱环节，一定程度上导致大学生在社会主义核心价值观理论学习与实践体验上的脱节。

① 王东红，刘利娟．社会主义核心价值观在大学生中的培育与践行 [J]. 法制与社会，2019（20）：178-179.

② 王晓惠．社会主义核心价值观在高校大学生中的培育与践行 [J]. 内蒙古师范大学学报（教育科学版），2015，28（12）：38-40.

此外，就大学生实践内容而言，实践内容针对性不强，覆盖面比较窄；就实践主体而言，个别实践项目学生主体覆盖面比较窄，不能够满足学生的需求，亦不能全方位地给予学生实践引领，一定程度上存在重优生、轻大众的现象，导致核心价值观的培育难度。也有学者从校园文化建设角度进行研究，如王东红、刘利娟指出："校园文化建设往往重低水平重复建设轻高质量的精品、重物质文化轻精神文化、重硬件投入轻软件内涵。社会主义核心价值观的培育与践行方面，缺乏相应的管理、考核、奖惩制度，不利于大学生良好行为的养成，不利于培养大学生的担当精神。"[①]

① 王东红，刘利娟．社会主义核心价值观在大学生中的培育与践行 [J]. 法制与社会，2019（20）：178-179.

第二节　社会主义价值观与新媒体

一、新媒体对当代大学生社会主义核心价值观的培育意义

社会主义核心价值观对大学生成长成才具有至关重要的作用。借助新媒体手段，多渠道加强大学生社会主义核心价值观教育，更能满足大学生健康发展的需要。

（一）助力创新教学模式，提升教育教学魅力

新媒体的快速发展已经影响到社会发展的方方面面。新时期，大学生已经成为新媒体的主要使用群体，他们往往借助网络等来获取自己想要的信息。面对此种情形，教师也可以把新媒体的优势发挥出来，借助新媒体促进社会主义核心价值观的培育，提高教学实效。与传统教学模式不同，在新媒体背景下，教师可以利用新媒体技术改革教育教学模式，创新教育教学方法，通过视频、图片、动画等调动学生的感觉、视觉，充分调动广大青年大学生的学习兴趣、求知欲，增强社会主义核心价值观的吸引力。

（二）拓展信息交流渠道，彰显学生主体地位

事物发展具有特殊性。大学生由于自身条件、环境、知识结构等的影响，在其人生发展过程中展现出显著的差异，其对社会主义核心价值观的理解和认同上也存在很大的区别。传统教学条件下，广大教师在培育大学生社会主义核心价值观问题上采用的是相对机械的模式，缺乏灵活性，严重影响了教学效果，不利于学生整体素质的提高，不利于学生个体的成长。新媒体背景

下，教师完全可以把新媒体技术很好地利用起来，拓展教师和学生之间信息传递的渠道，积极通过学生喜闻乐见的形式，如微信群、QQ 群等，主动、及时、准确、定向地向学生推送各种积极向上的信息。这样，既能满足学生对信息的需求，又能体现教育教学的快速性。

（三）提升学生参与度，增强师生互动与了解

新媒体的发展，可以给广大师生积极创设各种互动的环境。通过互动平台，教师可以和学生加强沟通与了解，可以通过观察学生网上发言、留言、评论等掌握学生的价值取向情况，进而指引自己的教育教学方向，更好地促进学生向着正确方向健康成长。此外，“在培育大学生社会主义核心价值观的实践过程中，教师积极采用新媒体技术手段，还能够创设广泛的参与情境，引导大学生在广泛的意见交流以及互动中更好地提升自身的价值导向”[①]。

（四）了解学生思想动态，增进教育的针对性

利用大学生爱上网的习惯，一方面，教育者可以发挥新媒体平台的吸引力，促使其在平台上展露心声，掌握其思想动态。另一方面，可以发挥大数据技术的监测作用，科学了解大学生的思想现状、关注热点、兴趣爱好等。这样教育者通过观察与科学分析，便能及时更新教育对策，制定更加科学的、合适的教学方案，从而提升社会主义核心价值观的针对性，提高社会主义核心价值观的教育效果。

二、新媒体背景下大学生社会主义核心价值观的培育困境

（一）任务艰巨，责任重大

新媒体的发展对大学生展现个性提供了新平台，但网络信息的多样性、

① 窦爱丽 . 新媒体对培养大学生社会主义核心价值观的意义及作用 [J]. 科技资讯，2021，19（11）：152-154.

娱乐化等也对大学生产生了一定的负面影响，一些大学生沉迷于游戏、沉迷于网络世界，造成学习的主动性积极性不高，精神、心理出现消极现象。另外，各种信息铺天盖地，真假难分，传播速度之快、影响范围之广，都对广大教育工作者提出了严峻的挑战。如不能及时了解大学生的发展动态，自己不掌握一定的新媒体技术是很难适应学生发展需求的。在此背景下，如何更好地利用新媒体技术做好教育教学工作，使社会主义核心价值观深入大学生头脑就显得十分必要，这项任务也显得更为艰巨。

不能忽视的是，新媒体信息传播带有很大的隐匿性。几乎任何人都可以通过网络在“非实名制”条件下进行不同观点的交流，对于网络中多种多样的信息，有的正确有的错误甚至反动，也为一些敌对势力进行价值观渗透提供了便利。这种纷繁复杂的信息充斥着网络空间，在一定程度上使大学生受到潜移默化的影响，致使很多人接受错误的价值观念，这与教育者传授的正确价值观念产生碰撞，从而又会引起他们对课本理论知识的质疑，这无形之中也对培育大学生社会主义核心价值观造成了困难。“教育者在复杂的教育环境中如何引导大学生走出价值困境，是一个需要不断探索的过程。”

（二）工作复杂，困难多重

新媒体时代的到来，无疑对人们的价值观念造成了很大影响。“新媒体时代的信息传播形式更为多元、内容倾向娱乐化、语言风格较为随意，与主流价值观培育的路径相比，存在鲜明的差异性。这在一定程度上加剧了大学生社会主义核心价值观培育的复杂性。”①

1. 价值观认同上具有不清晰性

新媒体背景下，多种信息影响着人们的价值判断与选择，也在一定程度上干扰着大学生的社会主义核心价值观认同。绝大多数学生能够熟练掌握社会主义核心价值观的内容，对社会主义核心价值观比较认可，但也有一部分学生对社会主义核心价值观的基本内容记不准、识不清、背不牢、理解不深

① 井国兰 . 新媒体视阈下当代大学生社会主义核心价值观培育研究 [D]. 南昌：华东交通大学，2020.

刻，认为其对自身发展影响不大，实际意义不明显。另外，五花八门的信息导致大学生价值取向冲突。有部分学生对新媒体平台传播的与主流价值观不符的信息会质疑，但当他们面临多重信息冲击时往往在价值观上又会模棱两可，又会重新进行价值判断，这样就会造成大学生社会主义核心价值观培育的复杂多变。

2. 网络空间多元文化并存

在新媒体背景下，多元价值主题相继亮相，多元价值诉求得到发挥。大学生经常停留在网络空间，方便找到适合自己的价值主张、观点。而在新媒体背景下，"文化传输呈现多样化、隐蔽化、'去中心化'等特点，多元价值观通过互联网在全球范围内进行传播、交流。处于社会转型期的大学生在多元文化思潮中，在价值判断和价值选择中容易出现困惑，甚至产生过于极端的情感表现"[①]。这使得大学生对社会主义核心价值观认识不清，左右摇摆，也为大学生社会主义核心价值观的培育造成了不少困难。

三、新媒体背景下大学生社会主义核心价值观的培育路径

（一）加强制度保障，作好顶层设计

作为党的理论创新成果，社会主义核心价值观要想得到良好的贯彻落实需要有相应的制度作为保障。学者们围绕这一问题进行了很多研究，如吴媛媛指出："高校必须作好顶层设计，围绕社会主义核心价值观培育要求，不断健全和完善各项规章制度，构建科学的制度体系，制定并严格贯彻落实大学章程，明确行为标准，确保有人重视，有人抓，有成效。要结合科学的考核评价机制，严格督查督办，确保各项工作稳步、持续推进。"[②] 章洪丽、赵永吉、王一夫指出，学校党委要制定制度和规划方案，明确各部门任务，不断

① 井国兰 . 新媒体视阈下当代大学生社会主义核心价值观培育研究 [D]. 南昌：华东交通大学，2020.

② 吴媛媛 . 在大学生中培育和践行社会主义核心价值观的探索与实践 [J]. 国际公关，2019（8）：251-252.

完善各项规范，把社会主义核心价值观教育融入各职能部门的规范之中，并建立奖惩制度，与年度考核挂钩，做到教学、管理、服务相结合，形成齐抓共管的格局。做好大学生社会主义核心价值的观培育工作，制度是保障，只有不断完善相应的、配套的制度体系，才能有力保障社会主义核心价值观教育的实效性。

（二）提优思政课，发挥主渠道作用

思政课作为系统讲授社会主义核心价值观的关键课程，在大学生社会主义核心价值观的培育中起着不可替代的作用。思政课要不断加强改革创新，坚持内容与形式的有机统一，密切关注各类热点和焦点，关注学生需求，提高吸引力，不断提质创优，更好地帮助学生明辨是非。如章洪丽、赵永吉、王一夫指出，思政课教学“要密切关注学生的需求，针对学生关心的各类焦点、热点、难点问题，通过讨论交流、参观走访等形式，帮助他们提高观察事物、辨别是非、把握方向的本领，充分发挥思想政治教育教师在引导学生中的重要作用，牢牢占领政治理论主阵地”[①]。王东红、刘利娟指出，“思政课对大学生社会主义核心价值观的教学，不应是简单机械的灌输，而要采用案例教学法、情景教学法、‘习明纳’教学法等多样化教学手段”[②]，做到因材施教，加深大学生对核心价值观的认同，为培养时代新人而努力。

（三）重文化建设，创优质育人环境

这里的文化建设特指校园文化建设。学校要加强文化育人能力，创设良好的校园文化，发挥其对大学生社会主义核心价值观的培育的积极作用。在大学生社会主义核心价值观培育中，要不断加强校园文化的引领作用，创优质育人环境。一方面要发挥各级党团组织的作用，通过各种有益的主题活动，

① 章洪丽，赵永吉，王一夫 . 在大学生中培育和践行社会主义核心价值观探析 [J]. 高等农业教育，2017（3）：35-37.

② 王东红，刘利娟 . 社会主义核心价值观在大学生中的培育与践行 [J]. 法制与社会，2019（20）：178-179.

第三节　社会主义核心价值观的网络传播现状

一、社会主义核心价值观网络传播的多重特点

社会主义核心价值观的网络传播存续于相对崭新的空间，相对于现实，呈现出了诸如“范围更广、速度更快”“方式多样、平台多元”“环境复杂、挑战不断”等许多新的特点。

（一）范围更广、速度更快

社会主义核心价值观在网络传播中能突破时空限制，相对来说，范围更广、速度更快。只要是活跃在网络中的网民只要轻轻一动鼠标，几乎都有可能触及相应的信息。而且由于网络本身的特点，它传播的速度更快。

（二）方式多样、平台多元

社会主义核心价值观网络传播可以附着于文字中、拍摄于视频中、录制于音频中、展现在图片中等，通过多种方式加以呈现，并通过不同的媒体平台给予广泛的传播。这就使得社会主义核心价值观的网络传播表现出极大的多元化、多样化的特点。

（三）环境复杂、挑战不断

网络世界纷繁复杂，庞大无比，让人摸不着边际。在这样一个宽广的舞台中，各种信息充斥，各种价值观念映入眼帘，有些是正确的，是对人们起指引作用的有用的东西，有些则是对人们起误导作用的消极的东西。就是在

这种复杂环境的包围之下，社会主义核心价值观的网络传播处于极其不利的境地，面临的挑战越来越多，不利于社会主义核心价值观网络影响力最大限度地发挥。

二、社会主义核心价值观的网络传播效果表现

（一）传播途径单一

社会主义核心价值观网络传播主要是通过党政官方媒体，使其具有很强的权威性。但是，绝大多数人对党政官方媒体的了解度、关注度往往处于边缘的状态，这样便使得社会主义核心价值观面临传播途径不畅、单一的问题，其学习和践行效果不理想，不能及时回应人们的需求。

（二）传播内容平庸

随着时代的新发展，社会上涌现出很多鲜活的优秀事例和模范人物，而此时，社会主义核心价值观的网络传播内容就应做到及时修整与调整、更新与创新，契合人们的当下需求。但是，“目前，有关社会主义核心价值观的网络传播内容缺少实际意义，不能满足群众的期盼”①，如此一来，社会主义核心价值观的网络传播便显得并不是那么引人注目，显得并不是那么让人耳目一新、津津乐道，其生命力何在，其吸引力何在，都应该成为人们着重思考的问题。

（三）传播对象狭窄

就目前来看，大部分高校都十分重视网络阵地建设，利用网络平台加大对社会主义核心价值观的传播力度，可以说是高校思政工作的一项十分重要的任务，所以在这种背景下，在校大学生便成了高校社会主义核心价值观网

① 靳鹏．社会主义核心价值观网络传播效果优化及实现路径研究 [J]. 长春师范大学学报（人文社会科学版），2021，40（3）：24-26.

络传播的主要对象，也是系统学习社会主义核心价值观相关内容的最重要群体。与此同时，其他群体却缺少相应的管理机制和组织保障，所以对社会主义核心价值观的学习、理解、践行是远远不够的。

（四）传播机制欠缺

加强社会主义核心价值观的网络传播不仅是时代发展的要求，也是广大人民的需求，更是解决现实问题的重要途径。面对社会上部分群众的素质不高，道德境界不高，世界观、人生观、价值观不科学的问题，在新媒体背景下，加大社会主义核心价值观的网络传播就显得十分必要。加强社会主义核心价值观的网络传播旨在提高广大人民群众的思想道德品质，提高人们的精神素养。这就需要保证传播内容要积极健康、充满正能量，而目前社会主义价值观的网络传播还缺乏一系列系统的、完善的、高效的监管机制，这就导致社会主义核心价值观网络传播的效果不明显，影响力、感召力不足。

三、社会主义核心价值观网络传播路径分析

（一）拓展传播途径

随着网络时代的到来，各种媒体不断发展，形式多种多样，为人们生活提供了诸多便利，也为社会主义核心价值观的传播提供了更加便捷、更加多样、更加迅速、更加宽广的路径。现在，通过网络传播社会主义核心价值观已是必然之势，网络也必将成为宣传社会主义核心价值观的重要阵地、重要场所、重要领域。在此条件下，充分利用各大平台，尽可能多地宣传主流价值观念，彰显主流价值观念的生命力，让人们潜移默化地受到熏陶，就显得十分必要。

（二）创新传播内容

跟随时代步伐，加大内容创新，是社会主义核心价值观网络传播工作的

重要一环、关键要点。在网络传播过程中，各传播主体应该精心挑选贴近社会、贴近生活、贴近群众的优秀事例、人物故事等传播内容，把握受众特点，这样才能做到主体与对象的契合，使传播的效果更佳、范围更大、影响更广。用先进的思想、先进的文化、正面的声音、正确的内容净化网络空间，引领网络文化发展，让更多的人感受网络、媒体带来的积极影响，与此同时，让更多的人不断深化对社会主义核心价值观的认同与践行。简言之，“要通过创新传播内容，让社会主义核心价值观引领信息时代的风尚”[①]。

（三）创设网络活动

1. 以“开展网络志愿活动”为抓手

利用网络平台开展网络志愿活动，增强公共意识，是提升社会主义核心价值观传播效果的重要方式。“在社会主义核心价值观传播工作中，网络公益活动包括网络公益宣传、网络公益项目策划以及网络公益平台的打造等工作。”[②] 另外，像网络祭扫活动，传递感恩、缅怀英烈等都对弘扬社会主义核心价值观有良好的作用。通过开展网络志愿活动，塑造网络公益文化，借助新媒体加大主题宣传，人们可以增强公共服务意识；通过网络志愿平台，人们能够有效参与志愿服务实践，切实体验。这对于传播社会主义核心价值观将会起到积极的作用。

2. 以“网络优秀作品评比”为支点

优秀作品是传播社会主义核心价值观的重要载体。结合社会主义核心价值观内容，可以开展一系列网络优秀作品评比活动。比如可以通过开展音乐、舞蹈、话剧、绘画、体育、文学、社科主题征文等方面优秀作品的评比活动，提高网络用户的积极性，激发他们的创作热情，创作更加接地气的作品。这样便可以“引导互联网用户在网络文艺作品创作、展示、评选过程中深化对社会主义核心价值观的理解，在互联网平台中创造良好的社会主义核心价值

① 靳鹏．社会主义核心价值观网络传播效果优化及实现路径研究 [J]. 长春师范大学学报（人文社会科学版），2021，40（5）：24-26.

② 周辉．社会主义核心价值观的网络传播特点与路径 [J]. 新闻战线，2018（16）：13.

观传播与学习氛围”[①]。以作品展现思想，以作品传递能量，以作品体现精神，可以更好起到共鸣的作用，这样对于主旋律的弘扬，意义突出。

（四）健全监管制度

只有在一个良好、有序、纯净的网络空间，社会主义核心价值观才会得以有效传播。如果网络世界长期被虚假、错误、低俗的信息所占据，那么势必会影响大众的价值取向，也不利于社会主义核心价值观的传播。因此，加强网络监管，健全网络监管制度，把控网络舆论正方向，从而不断打造网络生态环境，使之成为一片净土，就是确保社会主义核心价值观网络传播取得最好效果的有力保障、最大前提。

网络空间作为虚拟世界，并不是什么法外之地，它的良好发展需要靠制度来维护，“成熟的网络环境监管制度是社会主义核心价值观网络传播的有力保障”[②]。因此，从机制、体制、制度上加强建设是十分必要的，一方面，要加大对网络错误言论的惩治，“相关部门要依法对违规、有害、虚假信息进行清理与处理，并针对自媒体开展常态化的教育、监督、约谈与整治，针对突出问题、薄弱环节进行重点管理，为网络空间的净化提供保障”[①]，保护大众的思想不被“蛀虫”侵蚀；另一方面，要确保社会主义核心价值观网络传播质量，让一切美好充满人间。

---

① 周辉．社会主义核心价值观的网络传播特点与路径 [J]. 新闻战线，2018（8x）：12-13.

② 靳鹏．社会主义核心价值观网络传播效果优化及实现路径研究 [J]. 长春师范大学学报（人文社会科学版），2021，40（5）：24-26.

第四节　社会主义核心价值观的网络传播前景

一、内容覆盖面

随着网络信息时代的到来，人们更多的是在网络获取信息。据调查，我国网民人数呈上升的态势，所以运用网络传播平台加强价值观传播是十分必要的。因此，社会主义核心价值观的传播网站建设这个工作是需要不断加强的。“政府部门牵头，科研机构以及高等院校纷纷积极响应政府的号召，进行专业网站的建设，进行广泛的网络链接的建设等，从而提高网站的点击率。”①“把核心价值观的内容通俗化、大众化，定期更新与核心价值观有关的内容，吸引网民点击和学习。”②这样，随着这种网站建设的发展，与社会主义核心价值观24字内容相对应的不同层面、不同角度的资料、故事、案例等将会更清晰、更全面；社会主义核心价值观的网络传播效果将会更加明显，内容将更加丰富，实效性将会更加增强，其内容覆盖面将会更广。

二、资源利用率

跟随时代脉搏，紧抓人们思想，未来社会主义核心价值观在网络传播中将会呈现出越来越多的网络资源，这主要体现为各种网络文化产品。社会主

① 侯日莹，杨晶．试析社会主义核心价值观网络传播发展方向 [J]. 吉林广播电视大学学报，2020（8）：50-51，54.

② 向正群，喻勇．社会主义核心价值观网络传播趋势研究 [J]. 新闻战线，2015（12x）：129-130.

义核心价值观相关的一系列的网络视频、网络音乐、网络图片、网络教育产品等将会层出不穷，越来越丰富、完善，质量会越来越高，所以未来相关网络资源的利用率也会逐步呈上升的趋势。随着网民的增多，其要求也日益多样化，而很多网络文化产品的质量却不能满足人们的需求，这成为目前社会主义核心价值观网络传播中的一对儿重要矛盾。矛盾解决得好与不好直接影响到社会主义核心价值观的效果体现得好坏和影响力度的大小。面向更加美好的未来，社会主义核心价值观网络传播要充分加强内容建设，走内涵式发展之路，这样才能彰显其巨大的凝聚力、感召力、影响力。

三、社会影响力

随着人们思想道德水平、认识的提高，以及社会主义核心价值观自身建设的不断完善，社会主义核心价值观的影响力将会更大。比如目前，部分主流网站设置了社会主义核心价值观专栏、专题，对社会主义核心价值观网络传播起到了积极作用。但是我们也应该看到有的专栏、专题内容更新速度是不够的，形式还不够新颖，管理也是松懈的，所以专栏、专题整体营造的氛围不够浓厚，对广大网民的吸引力不够，造成社会主义核心价值观的影响力存在一定程度的不足。“在传播社会主义核心价值观时，也应该开辟核心价值观专栏。一方面，可以介绍社会主义核心价值观理论知识，包括中华传统美德、党的发展史、马克思主义理论等；另一方面，可以介绍好人好事、道德模范和先进事迹，这些都是在实践中弘扬社会主义核心价值观的典型。”[①]而且，随着微信、抖音等各大网络平台的发展，一些具有正能量的个人已在网络中以不同的形式传播积极向上，能体现社会主义核心价值观内容的视频、见解等，这对弘扬主旋律来说也具有积极的作用。总之，只有不断创新内容和形式，加大管理力度，才能不断激发社会主义核心价值观的向上力量，才能激发人们的爱国热情，树立正确的价值取向，为社会发展、国家进步提供

① 向正群，喻勇．社会主义核心价值观网络传播趋势研究 [J]. 新闻战线，2015（12x）：129-130.

源源不断的支撑。所以，展望未来，随着社会主义核心价值观网络专栏、专题建设越来越完善、越来越“独特”，传播率将会更高，其社会影响力将会更强。

四、传播有效性

随着网络空间的出现，网络不文明、网络犯罪等也随之到来，这些问题不能小觑，这对社会主义核心价值观的网络传播造成了一定的负面影响，这些问题的出现要求相关部门必须采取措施、采取行动加强治理，并提高治理能力和治理水平。如任凭其发展，将会产生一系列不良的后果，也不利于社会主义核心价值观的网络传播。通过加强治理，加强网络空间法治化建设，才能防止虚假信息的泛滥，才能减少网络犯罪的发生，才能净化网络空间环境。为此，国家也采取了很多措施加强治理，相信不久的将来，网络空间将会是一方净土、一片晴空。未来可期，社会主义核心价值观网络传播将会更加畅通无阻，其传播有效性将会凸显。

第四章

网络意识形态

第一节　网络意识形态特征

一、网络意识形态的产生及其内涵

任何事物的产生、发展都有其自身的特点，网络意识形态亦然。作为观念体系的网络意识形态从一出现就受到了人们广泛的关注和研究。有关网络意识形态的内涵阐述学术界众说纷纭，可以说并未达成广泛的共识。

（一）网络意识形态产生

马克思主义唯物史观强调“社会存在决定社会意识”，要探究“网络意识形态的内涵是什么”，“如何理解和认识网络意识形态”，需要我们从网络意识形态的形成原因去分析和归纳。

1. 技术：互联网技术快速发展

从技术层面上看，这是网络意识形态形成的前提条件。意识形态受社会存在的制约，并凭借宣传来实现其自身传播并发挥影响。意识形态需要人发挥主观能动性加以建构，但也依赖于一定的客观技术条件对其“加工”和“包装”，从而将其转化为现实的体现。

“意识形态的生成除了需要人的主观智力进行原始的建构之外，还需要一定的物质技术对其进行加工，以达到将观念的东西变为现实中的表达。”[1] 由于互联网技术的广泛发展，各种社会思想、文化、舆论都有了新的传播载体和传播手段，网络意识形态便悄然存在于网络空间之中。由于互联网技术

① 朱镕君 . 网络意识形态的生成逻辑与理性建构 [J]. 太原理工大学学报（社会科学版），2019，37（1）：24-30.

具有强大的编辑功能、快速的传播功能等特点，所以在网络中意识形态话语具有了多样性，呈现出在网络平台的可书写性，通过各种信息处理技术展现为文字、图片、视频等的灵活性，通过微信、微博、QQ、抖音等平台传播的迅速性。在此过程中网络民众可以获得海量信息，同样可以点赞、留言、转发等，并依据自身的想法对这些文字内容、图片信息、视频画面等进行加工编码处理，进而促使网络意识形态话语带有极大的个体性特征，赋予情绪化甚至出现娱乐化色彩。从简单到复杂、从低级到高级，从简单的文字编辑到各种音视频等的处理技术以及网络平台和媒体的发展进步，互联网技术本身在一步步实现由低到高的发展，实现了自身一次次的跨越发展，这为网络意识形态的产生和发展提供了最为坚实的技术条件和有力保障。从一定意义上讲，互联网技术是网络意识形态形成的最基础的前提。正是伴随着互联网技术的出现，人类的生产和生活方式才出现了前所未有的新变化。互联网正在悄悄地以一种全新的方式影响着人们生活的方方面面，使人们的生活延伸到了一个全新的空间，实现由现实世界到网络世界的发展。相对于现实的世界，网络世界是一种“虚拟”的世界。随着5G网络时代的到来，随着“无网不在”“无人不网”的网络化生活态势的形成，“网络空间中的网络社会人通过数字化的符号语言就可以实现在网络空间中的互动与交流，网络空间是现实社会空间在符号化方面的延伸以及拓展”[①]。

随着网络技术的发展，多种多样的网络平台竞相出现。人们在享受众多信息充斥头脑的同时，也可以随时随地在网络上吐露自己的心声，交换不同的意见，而且这种渠道是逐步丰富的。网络的开放性、互动性、多样性、宽泛性、及时性等赋予了网络民众更多的话语权，激发不同群体的舆论表达，激发他们主动地去参与网络舆论的产生与传播。

一定程度上讲，如果没有互联网技术的出现与发展，意识形态不会延伸到网络之中，只会存留在传统媒介之中；没有互联网技术，意识形态不会呈现如此新的发展态势、面临如此复杂多变的趋势。随着互联网的发展，一种

① 管其平.网络空间下人的生存与发展的建构性分析[J].济宁学院学报，2018，39(3)：99-103.

崭新的网络舆论传播链条也日渐形成。“自上而下的‘精英–大众’‘表达–接受’权威型社会话语格局，变成网络主体平等地享有信息发布、传播、接受的传播格局与舆论生态。”[①]“没有网络，网络意识形态就失去了存在的依据。就像人类进行历史活动的首要前提是‘自身生存着’一样，网络意识形态生成的第一前提是网络的存在，网络是网络意识形态存在的基础和前提。”[②]

2. 交往：网民之间的网络交流

从现实交往角度看，这是网络意识形态形成的主要因素。“意识形态作为一种精神领域的存在，是人们对社会现实的观念表达，它来源于人们的社会互动。网络意识形态是由网民自身所建构的一种价值观念体系，它是广大网民在网络空间中互动的产物。”[③]人们在网络空间中，建立起各种各样的互动交流关系，把现实世界中的各种信息加以改造，通过一种不同于传统传播的方式，形成可以在网络中传播的知识、观念等，让更多人去发现、去阅读、去思考。这种互动关系既有个人–个人模式互动交流，也有个体–群体模式的互动交流，同样也包括群体–群体模式的互动交流。由于在虚拟性的网络环境中，每个网民都是信息的传播者和生产者，都可以对其关注的问题进行评论，所以这种互动远远超出了“一对一”模式，而是“一对多”甚至是“多对多”的模式。而对于网民而言，我们又要看到其本身的具体性、现实的存在性，很容易将网络的信息又带回现实世界，这样就促使着网络信息实现了线上和线下的相互交融，实现了网络信息的及时快速传播。

网络中的各种互动交流，围绕的内容十分广泛，既有关于学习的内容，也有关于娱乐的内容；既有关于个人的内容，也有关于社会的内容；既有正确价值观导引的内容，也有错误价值观误导的内容。总而言之，从不同角度去思考，内容不尽相同。在网络中大量网民参与网络互动交流，围绕各自所

① 范海群．网络意识形态的生成作用机制及其治理策略研究 [D]. 重庆：重庆大学，2019.

② 苗国厚．网络意识形态生成机理探究 [J]. 学校党建与思想教育，2018（8）：29-31.

③ 朱镕君．网络意识形态的生成逻辑与理性建构 [J]. 太原理工大学学报（社会科学版），2019，37（1）：24-30.

关注的不同内容，来表达自己的态度、观点，来传播自己的思想、观念。在这种互动交流中，人们制造并传播着各种知识、信息、观念，加之不同的社会规范、国家政策法律法规、地域文化特点等与网络大空间的交汇融合，独特的网络意识形态便应运而生。网络意识形态的发展离不开大量网民广泛参与网络互动交流，表达自己的思想、态度、观点与传播信息，它在网民的互动交流中形成，又在网民的互动交流中加工、升华、“再生产”。

互动交流产生新机制，互动交流传播新信息，互动交流体现新趋向。网民间的互动交流与网络意识形态的形成之间有着千丝万缕的联系，网民的互动交流促使网络意识形态的形成，网络意识形态的生成离不开网民的网络互动交流。

3. 场所：无限宽广的网络空间及各大网络平台

从传播场域角度看，这是网络意识形态形成的重要因素。网络意识形态广泛存在于无限宽广的网络空间和各大网络平台之中。网络意识形态有其实践的场所和向外散播的话语逻辑。网络空间和网络平台为网络意识形态的存在提供了可以依靠的场所和话语表达的场域，为其传播和向外延伸提供了根基。作为群体共有的价值观念和思想倾向及其规范体系，网络意识形态须有“一个稳定的并且可以随时被网民查阅到的虚拟载体，这个虚拟载体就是网络社区”[①]。网络社区的形式是多样的，各式各样的网站、贴吧、论坛，多种多样的公众号、App 等，在这些平台中形成了各自的“圈子”，各种场域为信息的生产、流通和加工提供了多种多样的表达方式与传播路径，也为网络意识形态的形成提供了重要条件。

网络信息经过网民的自身理解、转化、解读，进而形成一定的知识、观念、思想，最终形成意识形态，网络空间平台起到了不可或缺的作用。

4. 生产：社会生产力发展状况与水平

从深层次原因看，这应该是网络意识形态形成的根本原因。马克思主义理论指出，物质资料的生产是人类社会存在和发展的基础，经济基础决定上

① 朱镕君. 网络意识形态的生成逻辑与理性建构 [J]. 太原理工大学学报（社会科学版），2019，37（1）：24-30.

层建筑。作为上层建筑范畴的网络意识形态亦是如此。依前所述，网络意识形态的产生，确实与互联网技术要素息息相关，但影响其发展的最深层次的原因还是整个社会生产力的发展。网民是推动网络意识形态形成的主体性要素，其不仅是在网络虚拟世界中存在的鲜活的个体，而且是存在于现实世界中的活生生的成员，其言行举止、思想意识观念都会受到现实物质资料生产、现实社会经济关系的制约。一般来说，生产力越发展，经济水平越高，人们生活条件越好，网民个人的归属感越强，其在思想和观念上也最容易认同社会的核心价值观念，反之则很难接受和认可主流价值观。只有在情感上、思想上认同社会的核心价值观念，能够主动识别正确错误的言论，才能推动网络空间朝着健康向上的态势发展，才能推动网络意识形态朝着明朗的光明方向迈进。当今世界，意识形态领域的斗争激烈无比，经济实力强大的国家总是想凭借优厚的物质基础向弱小国家进行意识形态的干扰，想尽一切办法来推销自己的思想、文化、价值观念，冲击别国的核心价值观念、思想基础，进而达到其目的。

（二）网络意识形态内涵

近年来，人们对网络意识形态越来越关注，相关学术研究不断深入。学界关于网络意识形态的内涵研究不少，主要有几种代表性的观点。张宽裕、丁振国在《论网络意识形态及其特征》一文中指出：“网络意识形态是人类社会一种全新的意识形态，是基于虚拟的网络社会而产生的。网络意识形态是网民看待网络世界的有机的思想体系，代表着网民的利益，指导网民的‘行动’，并通过虚拟社会反作用于现实社会。”[①] 黄冬霞、吴满意在其文章《近年来国内学界网络意识形态研究述评》中指出：“网络意识形态是在线上社会与线下社会、网民个体与现实个体高度融合互相渗透的背景下，网民借助数字化符号化信息化中介系统而进行的信息、知识、精神的共生共享活动中形成的有机体系，是网民在网络社会中具有符号意义的信仰和观念表达方式的综

① 张宽裕，丁振国．论网络意识形态及其特征 [J]. 学校党建与思想教育，2008（2）：37-39.

合，其核心是价值观念。”[①]《网络意识形态内涵的新界定》一文中指出：“网络意识形态是人类意识形态发展的崭新形态，不是线下意识形态在网络中的简单移植和再现，也不是线上意识形态形式与内容的简单拼凑，它是高度融渗和综合了线上线下意识形态而形成的网络社会时代的全新样式。”[②]谢玉进在其所著文章《网络意识形态的内涵及其基本特征》中指出，要从“网络意识形态怎么来的”这一问题出发，揭示网络意识形态的内涵，并指出我们需要“从网络实践出发理解网络意识形态”的问题，进而得出网络意识形态的内涵，即“网络意识形态就是适应网络社会变迁，在网络空间中以数字化感性展现为主导形式的，以广大网民为对象言简意赅且相对稳定的价值信念”[③]。史献芝在《网络意识形态的内涵、特征和生成机理》一文中，针对近年来学界对网络意识形态内涵的分析，认为主要有“技术属性论和社会属性论”两种代表性的观点，并指出：“网络意识形态是指国家、政党、利益集团、社会组织、网民个体等多元网络行为主体所主张、支持或认同的文化思想、价值观念和意识形态等精神要素在虚拟空间中碰撞、交锋、对抗、博弈形成的一种反映和代表着特定网络行为主体的利益诉求与价值倾向，是对网络行为主体的价值认知和行为选择有着引导和整合功能的观念的集合，是意识形态的一种新范式，是一种兼具技术属性和社会属性的观念形态或思想体系。”[④]杜爽在《新时代网络空间意识形态安全问题研究》一文中指出：“网络空间意识形态，是指现实社会中的意识形态思想和观念体系在网络空间的反映与互动，是网民在网络社会中具有符号意义的信仰和观念表达方式的综合体现。”[⑤]文

① 黄冬霞，吴满意．近年来国内学界网络意识形态研究述评 [J]. 天府新论，2015（5）：115-121.

② 黄冬霞，吴满意．网络意识形态内涵的新界定 [J]. 社会科学研究，2016（5）：107-112.

③ 谢玉进．网络意识形态的内涵及其基本特征 [J]. 电子科技大学学报（社科版），2018，20（3）：60-64.

④ 史献芝．网络意识形态的内涵、特征和生成机理 [J]. 南京邮电大学学报（社会科学版），2018，20（5）：11-17.

⑤ 杜爽．新时代网络空间意识形态安全问题研究 [D]. 沈阳：沈阳建筑大学，2020.

章还注意到网络空间意识形态兼具共性和个性的问题。

以上观点都尝试着从不同层面、不同角度来揭示网络意识形态的概念、内涵，思想深邃，为我们探究“什么是网络意识形态”提供了坚实的基础。我们认为，关于网络意识形态的内涵，至少可以从以下几个角度来把握：

1. 网络意识形态的产生角度

没有网络技术的出现，就不会有网络意识形态。从这一角度来看网络意识形态是在网络空间形成的，网民借助信息化技术发展而进行的思想、观念、利益、精神、信念、信仰表达方式等的综合。

2. 网络意识形态的本质角度

关于意识形态的本质，陈锡喜指出：“它反映了人们不同的利益诉求，因而并非纯客观的或‘价值中立’的科学理论。不管如何给意识形态下定义，其最基本的要素是：价值观的理论体系。首先，它是一种价值观，是反映不同利益关系的价值判断；其次，它又不是一般个体对生活的直接感受和追求，而是具有一定的共同性，因而需要理论论证，需要通过概念、判断和推理的逻辑形式，来论证其所代表利益的合理性。”① 因此，我们不光要看事物发展的现象还要善于看清事物的本质，网络意识形态是属于上层建筑的范畴，所体现的依然是人们的利益表达与诉求，所体现的依然是一种价值观，是在网络中形成的价值观的理论体系。

3. 网络意识形态的主体角度

网络意识形态的主体很多，呈现出多元化状态，涉及国家、政党、利益集团、社会组织、网民个体等，随着网络的发展，它们日渐活跃于各大媒体和平台之中。从网络意识形态的主体角度看，网络意识形态就是国家、政党、利益集团、社会组织、网民个体等的思想主张、利益诉求、价值观念等在网络虚拟世界中交互碰撞形成的一种对网民行为有导向性功能的价值观理论和体系。

4. 网络意识形态的特性角度

网络意识形态相对于传统意识形态而言，又具有了新的特点、新的表征。

① 陈锡喜. 论意识形态的本质、功能、总体性及领域 [J]. 上海交通大学学报（哲学社会科学版），2014，22（1）：5-11.

充分认识网络意识形态的新特点、新表征，对于我们深刻理解网络意识形态的内涵是很有帮助的。从这一角度出发，网络意识形态不是简单的现实意识形态在网络中的延伸，而是能够体现出“它是线上社会与线下社会高度融渗的产物，具有崭新的内容和形式”[①]，它是意识形态的一种新样式。

二、网络意识形态的主要特征

网络意识形态是人类社会一次次进步的结果，是人类社会进入网络时代的产物，它产生于不同于现实的虚拟世界中，有其鲜明的特征体现，它是人类社会意识形态发展的新形式。

（一）虚拟性

随着现代网络的发展，人类社会的生存空间发生了空前的变革，任何个体、不同群体都可以自由地穿梭于现实世界和虚拟空间中。“在这个虚拟的网络空间里，通行规则简单，可以相对自由甚至完全自由地‘穿马甲’‘上保险’‘变性别’‘转身份’等，全方位地满足了人们虚拟的各种便捷，自由又平等。”[②] 网络的存在，使人们早已建立的适应现实世界需要的各种制度规范、生活秩序、准则理念等都受到了冲击，与此同时，网络虚拟空间迅速成为影响人们生活生存的非常重要的因素。网络意识形态是网民在网络中形成的思想观念和价值观的理论体系，是对社会存在的反映。网民以虚拟的身份活动于虚拟的空间，在此过程中产生的网络意识形态本身也便具有了极大的虚拟性特点。

（二）多元性

网络意识形态的多元化主要体现在：一是网络社会中存在不同类型的网

---

① 黄冬霞，吴满意 . 网络意识形态内涵的新界定 [J]. 社会科学研究，2016（5）：107-112.

② 奉鼎哲，秦勇，李后强 . 网络意识形态的特征及其安全建设初探 [J]. 毛泽东思想研究，2017，34（5）：74-79.

络意识形态。当今社会主要表现为两大类，即资本主义意识形态和社会主义意识形态，即便同是资本主义的意识形态或同是社会主义的意识形态，在不同国家也各有区分，即便是同一国家内部的意识形态也不尽相同。在此背景下，处于劣势地位的发展中国家，由于网络霸权的存在，本国的网络意识形态呈现多元化趋势，而反对腐朽价值观的侵蚀就显得尤为必要。在我国，党和国家一直重视意识形态工作。习近平总书记在2017年党的十九大报告中明确提出，“牢牢掌握意识形态工作领导权”[①]这一重大任务，充分体现了我们党对意识形态工作重要性的深刻认识，深刻反映了我们党对意识形态工作规律的深刻认识。面对网络意识形态的多元化，在意识形态工作中我们要学会主动出击，抵制腐朽价值观的侵蚀；高举旗帜，弘扬主旋律；齐心共建，传播正能量。二是网民主体的多元化。互联网具有开放性，使得人人都有机会进入虚拟世界。只要你有上网条件，你就可以成为网民，自由地遨游在网络这个宽广的世界中，接收各种信息。随着互联网快速发展，包括新媒体从业人员和网络“意见领袖”在内的网络人士大量涌现。在这两个群体中，有些经营网络、是“搭台”的，有些网上发声、是“唱戏”的，往往能左右互联网的议题，能量不可小觑。[②]

在互联网平台上，人们受到各种信息的刺激，每个网民的表达热情都不同程度地被调动起来，他们想通过网络表达自己，这样每个网民都成为意识形态的主体，这样意识形态便不再仅受权力等级的支配。

（三）导向性

网络意识形态的导向性主要体现为网络舆论的导向性。广大网民针对在网络中传播的某一事件、人物、焦点等所发表的看法、观点表现出一定的主观倾向，也会产生一定范围的影响，进而形成各种网络舆论。在网络世界，

① 习近平. 决胜全面建成小康社会　夺取新时代中国特色社会主义伟大胜利——在中国共产党第十九次全国代表大会上的报告 [M]. 北京：人民出版社，2017：41.

② 习近平. 习近平谈治国理政（第二卷）[M]. 北京：外文出版社，2017：325.

“不同网络舆论的背后就是不同的意识形态导向”[①]，广大网民的思想状况、价值观念、知识文化层次、道德标准等都会以网络舆论的形式显现出来，形成网络意识形态的导向。

（四）便捷性

网络意识形态通过数字化的网络信息这一载体形成于网络社会中，便捷性也就成了网络意识形态的主要特征之一。现代社会，随着科学技术每一次向前发展，人类信息传播媒介就会再向前迈进一大步，人们在网上不仅可以通过邮箱、QQ 传递信息，而且可以通过微博、微信等传播信息，这些信息通过一次又一次的浏览、评论、转发、存储等，从积极或是消极的方面影响着广大网民的思想观念、价值取向。数字化的网络信息典型的特征就是能够迅速、便捷地传播，它可以蔓延到世界的各个角落。它不同于以往信息的传播，超越了时空的限制，促使整个世界成为一个地球村，人们从未像现在这样与外界有如此紧密的联系和如此频繁的交往。

无论你身处何方，只要你登录互联网，就能够找到你想知道的任何事情，看到不同国家媒体的不同报道，了解整个世界的发展态势；看到朋友圈的大量信息，了解周边生活圈子的故事；看新闻焦点，了解今日的新鲜事。你可以和网上其他网民交流意见，提出自己观点，也可以评论他们的观点，传递和散播信息。

（五）复杂性

由于互联网技术的发展，现实世界与虚拟世界日益交织在一起，人们的生产生活方式再也回不到从前。在此情况下，互联网日益成为人们表达思想、观点，传播信息的场地。面对家事、国事、天下事的错综复杂，人们不仅善于在现实世界吐露心声，而且往往更加热衷于在虚拟的网络世界来表达和宣泄自己的思想、情感。加之互联网数字化的网络信息传递特点，便使网络空

① 张宽裕，丁振国．论网络意识形态及其特征 [J]. 学校党建与思想教育，2008（2）：37-39.

间变得极其复杂。各式各样的价值取向遍布网络世界，网络意识形态呈现出极为复杂的态势。

网络意识形态既有虚拟性也有真实性，既有多元性也有一元性，多种特点相互并存，日渐呈现出博弈和斗争的态势。海量信息进入网络世界几乎不会受到审核，相对于严把关、严审核、严控制的传统意识形态而言，网络意识形态更具自由性、随便性、松散性，缺乏严谨性。“虚拟而自由开放平等的网络世界，似乎是法外之地，权力、思想、阵地等的争夺异常激烈，仿佛是思想文化信息和社会舆论的‘加工厂’‘放大器’‘洗浴场’，为各种社会思潮提供了全新的表达、传播、扩散空间的阵地。”[①] 网络世界异彩纷呈，各种各样的信息真真假假、不易辨别，人多语乱的现状让人分不清对错。一些错误的价值观念充斥着网络空间，网络环境不够风清气正，这都使得网络意识形态更加复杂多变。

① 奉鼎哲，秦勇，李后强.网络意识形态的特征及其安全建设初探[J].毛泽东思想研究，2017，34（5）：74-79.

第二节　网络意识形态安全现状

2013年8月，习近平总书记在全国宣传思想工作会议上强调“意识形态工作是党的一项极端重要的工作”，事关党的前途命运。互联网已经成为意识形态的敌我交锋、势力争夺的“主战场”，敌我斗争的态势发展促使人们时刻绷紧头脑中的“意识形态”之弦。随着互联网技术的发展，世界的信息化、网络化程度日益加深，网络意识形态的重要性得到前所未有的重视。据中国互联网络信息中心（CNNIC）于2021年2月最新发布的第47次《中国互联网络发展状况统计报告》显示，大学生群体是互联网的最主要受众和使用群体，也是网络意识形态阵地中最重要的争取和引导对象。下沉基层，融入青年，了解学生，形成和构建大学生们易于接受的话语风格和话语体系，融入大学生生活圈，最终和大学生打成一片是牢牢把握网络意识形态主动权的必要之举。

一、新媒体环境下网络意识形态面临的新形势新挑战

以电脑、手机、数字电视机为主要传播载体的新媒体日益发展壮大，已然成为传播意识形态的主渠道，是意识形态领域研究不可或缺的因素。网络意识形态以其独特的传播发展方式成为人们关注的重点，也成为理论学术界研究的热点。近年来网络意识形态发展呈现一种前所未有的新形势，其对党和国家主流意识形态的巩固发展来说是一把“双刃剑”，机遇与挑战同在，价值和威胁并存。习近平总书记指出：“很多人特别是年轻人基本不看主流媒体，大部分信息，都从网上获取。”他强调：“必须正视这个事实，加大力量投入，尽快掌握这个舆论战场上的主动权，不能被边缘化了。”“要利用各种

时机和场合，形成有利于培育和弘扬社会主义核心价值观的生活情景和社会氛围。”此外，西方腐朽思潮和新形势下出现的“中国威胁论”“唱衰中国论”“英雄丑化论”多股恶浪，也对包括大学生在内的网民精神和灵魂产生了极大的毒害作用，很多网民的价值观受到误导、侵蚀。在虚拟网络空间，马克思主义的主流意识形态在大学生当中有逐渐被边缘化的趋势，争夺网络意识形态阵地之战趋紧，网络思想政治教育工作任重道远，必须专注于此，须臾不可离开，更不能因为做了一些工作和创新，认为整体形势尚可便不再紧密关注。

二、当前我国网络意识形态的安全状况及特征

随着网络信息技术的飞速发展和全球化进程的加速，世界范围内的“资”“社”意识形态之争呈此起彼伏、暗流涌动的态势。受西方资本主义思潮影响，各种敌对势力奋力叫嚣，网络空间主流意识形态面临着价值多元、文化多样、思想多变的诸多挑战，斗争呈现白热化、胶着状。具体表现为以下方面。

（一）主流意识形态主导力与影响力削弱，多元化趋势渐增

马克思主义作为党的指导思想和社会弘扬的主旋律，在网络空间的传播中受到了诸多挑战。网络的虚拟性、开放性和去“中心化”，加之马克思主义的中国化、时代化、大众化水平不够，与生活实际黏合度不高，“青年化”程度较低，在思想活跃、价值多元、行为多样的网络空间，其主流意识形态应有的主导力、影响力和吸引力更是大打折扣。网络空间纷繁芜杂的价值观、多元多样的意识形态，甚至一些自由主义、无政府主义、历史虚无主义也混杂其中、大行其道，拥有不少支持者，以致网络空间很多地方出现了马克思主义失声、失踪、失语的状况，马克思主义处于一种被边缘化的境地，严重影响了主流意识形态在网络空间的主导地位，生存和发展空间日趋缩小，不得不引起重视。因此，需要通过现实意识形态自身建设、培养教育网络意见

领袖、提高虚拟社群个人媒介素养及自律教育等途径加强主流意识形态的主导地位。

（二）网络空间“蝴蝶效应”易发多发，意识形态“上纲上线”屡见不鲜

网络空间的扁平化、去“中心化”、民主化特征明显，参与网民数量多、意见杂、管控难度大，遇有突发事件和社会事件，网民应激呈“一传十、十传百”的蝴蝶效应，网络空间也成为一些不满情绪、意见和敌对势力发泄释放和利用的低成本工具，其中一些敏感问题大有“牵一发而动全身”之势。大学生群体是反映时代最灵敏的“晴雨表”，更是网络的弄潮儿，他们在微博、微信、QQ 等网络虚拟空间敏感地发现和接收网络空间的“风吹草动”，随后发表理性、非理性的言论看法，几乎所有大大小小的事件都会被“晒”“爆料”，由“鸡毛蒜皮”逐渐演变为国家制度、道路和社会管理问题，持续不断地冲击着网民的心理。网络意识形态引导管理和惩戒需张弛有度、奖罚严明，不能一味封堵，也不能放任自由，需建立国家意识形态风向标和泄压阀，科学合理明智地处理网络空间的各种言论行为。

（三）网络意识形态斗争复杂多变、态势趋紧

由于网络空间人人皆可成为言论的发出者和接收者，“在网络意识形态中，网络意识形态论争的复杂性、多样性也日益深刻地显现出来。由于参与者、话题内容、话语形式都呈现出多样化的特征，意识形态论争与学术思想论争的界限不明，甚至一些人打着学术思想讨论的幌子，公然挑战社会主义意识形态。”网络空间参与者多数是普通民众，但也不乏敌对势力和渗透分子，有时角色重合、令人真假难辨，给我国的网络意识形态安全造成潜在威胁；网络争论内容林林总总、多元多样，既有国家宏观政事，也有琐碎生活小事，无所不包，均能成为论争主题，甚至一些敏感话题也被人蓄意扯开谈论，甚至引发网络风波，在一定程度上干扰了正常的网络社会秩序；在话语方式上，既有理性探讨，又有攻击指摘，既有网上言论交流，又有虚拟与现实结合的意识形态纷争，不一而足；对于网络事件评价态度，既有支持赞同的

意见，也有反对中立的声音。大学生在网络意识形态的发声表态方面，基本上还是理性爱国正义的，但也存在一些理想信念丧失、奋斗目标缺乏、学习动力不足、网络人格分裂的大学生，对于网络意识形态的反馈一概以“负能量”形式呈现，给身边大学生及其他网民渲染了消极、负面的情绪和网络氛围。因此，既要努力培养民众对信息的质疑精神和辨析能力，又要倡导网民坚守网络“七条底线”，做到现实人格与虚拟人格的统一；既要保障公民言论自由，摒弃“防民之口甚于防川”的不当做法，又要坚持原则，采取疏导和劝说方式，引导网络虚拟社群理性、客观和道德地对待舆论、传播舆论，正确合理地引领网络舆论。

（四）网络虚拟空间“意见领袖”备受关注，成为意识形态斗争重要的催化力量

网络空间存在一个被网民称为“意见领袖”的群体，他们拥有活跃的网络 ID、较高的网络社会知名度、较多的支持者和追随者，且对一些事件有着自己独特的看法和理解，能够通过微博等网络社交媒体发表自己言论，无论理性与否、违法与否、反动与否，一般都会被相当一部分粉丝狂热支持，这在一定程度上为网络空间的秩序和谐埋下诸多隐患，有的甚至蔓延至现实社会。令人担忧的是，有一些“意见领袖”是国内外敌对势力组织扶植的代理人，有些虽然不是反动分子但言论缺乏法律意识、社会意识、国家意识，也在一定程度上影响了网络意识形态的安全。大学生是微博、微信等社交媒体的重要使用群体，容易接受一些国内外异质思想，从而理想信念和网络现实行为的理性掌控力被削弱，盲目跟从所谓的网络“意见领袖”，给自身乃至社会带来安全威胁和危害。为解决网络“意见领袖”的问题，要本着识才、爱才、敬才的慧眼和本领，爱才、用才、容才的雅量，重视网络“意见领袖”的教育培养，科学理性地引导网络舆论潮流；注重与“意见领袖”群体的开诚沟通，建立舆论“泄压阀”机制，掌握诉求、疏导情绪，保证网络舆论压力维持在合理区间；强化对网络“意见领袖”的监管，惩“恶”扬善，树立国家舆论指向标等，切实维护好网络意识形态安全，免受意见领袖有意无意的

"言论风暴"的危害。

（五）网络意识形态论争屡现"新动向"，反动意识形态频发"新动作"

当前，网络意识形态的发展呈现出很多新的动态和特点，如言论政治化、模式套路化、事件炒作化等特征，直指主流意识形态和我国政治体制。反动和敌对势力利用网络事件和国内大事，采用研究事件、断章取义、蓄意误导、聚集人气、适时发难、制造混乱等套路，达到在网络空间无事生非、蓄意造谣、颠倒黑白、扭曲事实的目的，在一定程度上误导了网民，冲击了原本和谐有序的网络空间秩序，在意识形态上给网络空间种下了混乱隐患的种子，给党和国家事业的健康顺利发展带来了不小的威胁。大学生正处于"三观"形成的关键期，易受网络不良意识形态和敌对势力宣扬异质思潮的影响，容易被敌对势力所利用，成为其意识形态进攻的"工具"。因此，要重视网络意识形态论争的新动向，警惕反动分子的"新动作"，加强创新主流意识形态建设，提高针对性、适应性，提高马克思主义理论与中国实际运用之间的黏合度；继承和发扬中华优秀传统文化，吸收当代文化精髓，处理好传承与创新的关系，"讲好中国故事、传好民族声音"，凝聚和扩大人民共识，画好民族复兴的"同心圆"，建设中华民族共有的"精神家园"，用丰富的文化食粮满足广大网民的精神需求。"仓廪实知礼节"，只有头脑有知识、思想有武装，才能有力地抵御并回击反动分子和敌对势力的意识形态攻击，牢牢把握住网络意识形态的"主阵地"。

网络"新疆域"是非、善恶、正邪的较量此起彼伏，时刻都在上演着没有硝烟的意识形态战争，网络空间的静与杂、虚拟社区的净与污、价值取向的正与邪对于处于"三观"形成关键期的青年大学生的影响不可低估。马克思指出："如果从观念上来考察，那么一定的意识形式的解体足以使整个时代毁灭。"必须对当前我国网络意识形态安全现状有深刻了解，做到心中有数、脑中有策、手中有法，唯有如此才能牢牢把握住网络意识形态安全的主动权，打好这场事关党和国家生死存亡的"隐形"战争。网络意识形态安全就是马克思主义的"网络化""网民化"，亦即马克思主义要掌握网络空间主流意识形态的“话语权”。随着网络和时代的发展，我国网络意识形态状况虽总体安全，但也面临越来越多的威胁和挑战，如主流意识形态地位削弱、网络事件频发、网络论争易于升级、“意见领袖”不能为我所用、反动意识形态新动作花样不断翻新等问题，急需提高网络舆情敏感度，特别是青年大学生群体的网络意识形态引导能力，提高网络意识形态掌控能力，多措并举，在网络意识形态领域将马克思主义的红旗牢牢竖起，指引实现中华民族伟大复兴中国梦的脚步更加坚实有力。

三、网络意识形态安全工作的主要成就和经验思考

在中国共产党的坚强领导之下，马克思主义在整个国家中的指导地位、社会主义意识形态的凝聚功能不断加强，网络意识形态安全工作取得了阶段性成就，为以后工作发展提供了很多有益经验。

（一）网络意识形态安全工作取得的主要成就

作为马克思主义的执政党，中国共产党历来重视各个时期的意识形态工作。尤其是党的十八大以来，党对意识形态工作的领导在不断加强，网络意识形态安全阵地建设取得了显著成效。通过不断完善网络相关法律法规、制度规章，网络空间的制度化建设越来越得到了提升。通过采取各种有力手段，马克思主义的引领作用、社会主义主流意识形态的感召力得到了极大提高。具体来说，主要包含以下几个方面的内容。

1. 主流媒体的旗帜引领作用得到有效发挥

随着互联网的快速发展，我们党越来越重视网络意识形态工作，不断坚持和巩固党对意识形态工作的领导。习近平总书记指出：“互联网是当前宣传思想工作的主阵地。这个阵地我们不去占领，人家就会占领；这部分人我们不去团结，人家就会去拉拢。”[①] 随着宣传内容和宣传形式的不断创新发展，

① 习近平 . 习近平谈治国理政（第二卷）[M]. 北京：外文出版社，2017：325.

人民网、新华网、中国网、光明网等主流媒体参与引导社会舆论的力量越来越强大。一方面，它们主动利用网络平台开展与网民的互动，听取民意；另一方面，它们还主动在网络空间发声，对社会舆论热点、焦点问题进行具有权威性的引导，坚持以人民为中心的立场和原则，有效发挥主流媒体的正向作用。

2. 网络意识形态工作的主体责任进一步压实

新形势下，党和国家把意识形态工作摆在了十分突出的位置，大大加强意识形态工作的主体责任，当然也包括对网络意识形态工作的管理。这样，一方面使得各部门各单位从上到下都能够在思想上紧绷一根弦，将网络意识形态工作摆在重要、突出位置，夯实了网络意识形态工作的主体责任；另一方面，推动了意识形态工作与日常管理等工作的紧密结合。从上到下，各部门、各单位都不同程度地加强网络阵地建设，力求通过网络空间加大宣传，发挥引领功能，有效提升了网络空间主旋律的传播力和影响。

3. 网络思政工作的影响力得到广泛扩展

加强思想政治教育工作是做好意识形态工作的关键环节。我们党历来重视思想政治教育工作，尤其是党的十八大以来，思想政治教育的范围、层次，深度、广度、实效性、影响力都得到了进一步提升。网络空间思想政治教育的传播力度在加强，思想政治教育的实践促使意识形态工作的新发展。人们可以通过网络平台观看各种思政大课，聆听专家的讲解与知识分享，这保证了思想政治教育内容的科学性，扩大了思想政治教育的受众对象，也提高了思想政治教育的影响范围。目前，思想政治教育正在实现着线上与线下的有机融合，尤其是高校更加明显。思想政治教育工作越做越细、越做越精，思政课程与课程思政同向而行、协调发展的思路日渐清晰，协同育人效果更加明显。

4. 网络空间治理能力逐步提高

长期以来，网络空间存在大量欺诈性行为，严重影响了人们生活及社会健康发展。我们一直在探索中国特色的治网之道。党中央历来重视依法治网，坚持依法治网是我们的一条重要原则。习近平总书记指出：“互联网不是法外之地。利用网络鼓吹推翻国家政权，煽动宗教极端主义，宣扬民族分裂思想，教唆暴力恐怖活动，等等，这样的行为要坚决制止和打击，决不能任其大行其道。利用网络进行欺诈活动，散布色情材料，进行人身攻击，兜售非法物品，等等，这样的言行也要坚决管控，决不能任其大行其道。”[①] 党的十八大以来，国家不断加强网络空间立法。党的十八大及三中、四中、五中全会对推进网络依法规范有序运行提出了明确要求。特别是 2014 年 10 月 23 日党的十八届四中全会通过的《中共中央关于全面推进依法治国若干重大问题的决定》提出，“要加强互联网领域立法，完善网络信息服务、网络安全保护、网络社会管理等方面的法律法规，依法规范网络行为”[②]，为全面推进网络空间法治化擘画了蓝图。“目前我国网络空间法律体系，已经涵盖了网络安全立法、互联网基础设施与基础资源立法、互联网服务立法、电子政务立法、电子商务立法以及互联网刑事立法等各个方面。”[③] 对于网络违法犯罪的行为，党和政府有关部门坚决维护国家、民族、人民的根本利益，旗帜鲜明地予以批判和反驳，网络安全相关职能部门也对各种网络违法犯罪行为依法进行了严厉打击，使网络的消极影响得到了一定程度的遏制。

5. 风清气正的网络空间环境正在逐步形成

面对网络思想舆论对社会主流意识形态的冲击和排斥，“通过借助网络空间法治建设的实施、网络信息技术应用的优化、网络空间思想宣传工作的创新以及社会主义核心价值观念的广泛传播，使主流意识形态的话语权力得到显著增强，主流网络媒体的权威性获得网民群体的广泛认可”[④]。与此同时，随着网络自媒体的出现和发展，更多的人关注网络社会，成为网民，这其中不乏很多世界观、人生观、价值观“三观”很正的人，在网络中发挥了正能量作用，产生了积极影响。在网络空间，“产生了一批自觉拥护和支持主流意识形态的民

① 习近平 . 习近平谈治国理政（第二卷）[M]. 北京：外文出版社，2017：336.

② 中共中央关于全面推进依法治国若干重大问题的决定 [EB/OL].（2014-10-29）. https://cpc.people.com.cn/n/2014/1029/c64387-25927606.html.

③ 十八大以来网络空间法治化全面推进 [EB/OL].（2015-12-14）.https://m.cnr.cn/news/20151214/t20151214_520792431.html.

④ 杜爽 . 新时代网络空间意识形态安全问题研究 [D]. 沈阳：沈阳建筑大学，2020.

第三节　网络意识形态的特殊性

一、网络意识形态的主要功能作用

新形势下，在宏观上看，我国的网络意识形态主要功能体现在维护广大人民根本利益、凝心聚力推进伟大事业、构建网络空间命运共同体这几个方面。

（一）维护广大人民根本利益的重要功能作用

马克思主义理论指出，意识形态具有维护本阶级利益的强大功能。《中华人民共和国宪法》规定："中华人民共和国是工人阶级领导的、以工农联盟为基础的人民民主专政的社会主义国家。"①这是我国宪法对我国国家性质最精确的表述。在我国，人民是国家的主人，国家的一切权力属于人民。在我国，意识形态仍然具有阶级性，但我们要清楚它已从压迫人的工具转变为了维护社会主义的经济基础和无产阶级政权的重要工具。作为意识形态发展新领域的网络意识形态对坚持和维护党的领导、维护国家政权稳定，从而从根本上维护广大人民的根本利益，指引广大网民在大是大非面前站稳立场保持定力具有强大功能。"一个个微博热搜的背后，体现的是不同意识形态观念的博弈，体现的是主流意识形态在我国网络空间占据了主导位置，且展现出了强大的凝聚力，将我国人民紧紧地团结在一起，同频共振。"②这些内容

① （两会受权发布）中华人民共和国宪法 [EB/OL].（2018-03-22）.http://www.xinhuanet.com/politics/2018lh/2018-03/22/c_1122572202.htm.

② 严娇 . 新时代我国网络意识形态安全面临的挑战与对策研究 [D]. 重庆：重庆邮电大学，2020.

的背后，启示我们网络意识形态可以产生巨大的能量。我们要让这些富有正能量的网络意识形态处于主流意识形态的范畴，让它们尽可能多地照亮网络空间的每个角落，这对于整个国家意识形态安全具有重要意义。

可见，在网络高度发达的今天，网络意识形态隐藏着充足的力量，符合中国特色社会主义要求的富含正能量的网络意识形态处于主流突出位置，对于实现国家安全、稳定、政权稳固意义明显，更是确保人们根本利益不受侵害的有力保障。

（二）凝心聚力推进伟大事业的重要功能作用

习近平总书记指出："中国特色社会主义是社会主义，不是别的什么主义。""事实雄辩地证明：中国特色社会主义是植根于中国大地、反映中国人民意愿、适应中国和时代发展进步要求的科学社会主义。这条路，走得通、走得对、走得好。"[①] 面对国内外的舆论质疑中国现在搞的究竟还是不是社会主义的疑问，面对有人说是"资本主义"而不是"社会主义"这些错误的言论时，无论在现实世界还是虚拟世界中我们都应该及时予以反驳，给人们以正向的导引。而此时，意识形态就要发挥凝心聚力推进伟大事业的作用。今天的中国，我们倍加重视网络在意识形态传播中的重要媒介和平台作用。只有保持网络意识形态安全，才能使网络空间成为更好地坚守马克思主义的意识形态、宣传中国特色社会主义伟大事业的有利阵地。

（三）助力加强网络安全建设的重要功能作用

网络意识形态安全是我国网络安全的重要组成部分，确保我国网络安全需要加大力气做好网络意识形态工作。网络空间是人类共同的活动场所。习近平总书记在第二届世界互联网大会开幕式上的讲话指出："各国应该加强沟通、扩大共识、深化合作，共同构建网络空间命运共同体。"[②] 这也从不同的

---

① 中共中央宣传部 . 习近平新时代中国特色社会主义思想学习纲要 [M]. 北京：学习出版社，人民出版社，2019：26.

② 习近平 . 论党的宣传思想工作 [M]. 北京：中央文献出版社，2020：173.

层面告诉我们，网络空间治理绝非易事。为此，我们要加强网络意识形态建设，治理好网络空间，确保我国网络安全。“网络意识形态安全，网络空间风朗气清、生态良好，我们就有自信、有底气、有能力参与网络空间的全球治理。否则，本国的网络意识形态安全没有保障，网络空间乌烟瘴气，我们既缺乏构建网络空间命运共同体的说服力，也没有精力去参与构建网络空间命运共同体。”[①] 只有通力合作，加强网络意识形态建设，构建网络空间安全态势，才能促进人类和谐发展。

二、网络意识形态的特殊性表现

（一）网络意识形态影响人们对政治思想的认同

习近平总书记指出：“互联网是一个社会信息大平台，亿万网民在上面获得信息、交流信息，这会对他们的求知途径、思维方式、价值观念产生重要影响，特别是会对他们对国家、对社会、对工作、对人生的看法产生重要影响。”[②] 互联网对信息的传播几乎超过了书籍、报纸、杂志等成为最重要的意识形态思想传播方式。网络平台是思想整合的重要渠道，可以通过网络意识形态影响人们对政治思想的认同。发挥网络的积极作用，能够有效弘扬国家主流意识形态，发挥正确政治导向作用，提高正确价值观的影响力、感召力、凝聚力。

（二）网络意识形态走向关乎社会和谐稳定

在互联网平台，每个人都有发表自己观点的权利，网络也往往成为个人思想宣泄的集散场所。在网络环境下，信息的复制、传递之快几乎超出了我们的想象。只要你在网络空间轻轻点击鼠标，发表自己观点、转发他人观点，信息便会以飞快的速度及时传播出去，从而可能影响到网络中阅读这一信息

---

① 严娇 . 新时代我国网络意识形态安全面临的挑战与对策研究 [D]. 重庆：重庆邮电大学，2020.

② 习近平 . 论党的宣传思想工作 [M]. 北京：中央文献出版社，2020：194.

的每个网民。与此同时，我们更要注意，“也会有不同的意识形态利用这一便利进行网络信息的侵入，使得网络信息的真实性与正确导向性作用逐渐降低，网络安全甚至社会稳定正在受到挑战”[①]。所以我们应该特别关注网络意识形态走向，发挥网络意识形态的正向作用，在提高网络信息内容的科学性、规范性上下功夫，利用正能量的网络舆论，引导广大网民不迷失方向，进而助推社会的稳定、进步。

纵观世界发展大势，和平与发展依然是时代主题，但是还有很多影响和平与发展的因素存在。习近平总书记指出：“世界正处于大发展大变革大调整时期。”[②] 在此背景下，西方一些别有用心的国家大肆宣扬负面言论，遏制中国发展，意识形态工作的重要性更加凸显。关键时刻，只有凝聚中华儿女的力量，心往一处想、劲往一处使，才能众志成城战胜困难、抵御风险。所以，在意识形态工作上要求我们既要抵御和防范外来风险与挑战，又要牢牢把握主动权，占领舆论制高点，勇于发声，敢于发声，及时纠正偏差，消除不利因素，才能更好地维护社会稳定，为国家发展提供良好的环境。

（三）网络意识形态工作关乎民族复兴伟业的实现

“实现中华民族伟大复兴的中国梦是近代以来中华民族的夙愿。”[③] 为了实现这个夙愿，需要全体中华儿女不懈努力，凝心聚力，共同奋斗。习近平总书记指出：“实现中国梦，必须坚持中国特色社会主义道路，必须弘扬中国精神，必须凝聚中国力量，必须坚持和平发展。”[④]“坚持中国道路、弘扬中国精神、凝聚中国力量离不开意识形态工作的强有力支撑。”[⑤] 在这其中，做好网络意识形态工作至关重要。对于网络空间任何传播否定“中国道路”的错误言行，任何弱化“道路自信”的错误做法，我们必须坚决反对与制止；任何

① 曹永峰．论网络意识形态是网络文化灵魂 [J]. 湖北农机化，2020（3）：52.
② 习近平．决胜全面建成小康社会 夺取新时代中国特色社会主义伟大胜利——在中国共产党第十九次全国代表大会上的报告 [M]. 北京：人民出版社，2017：58.
③ 习近平．习近平谈治国理政（第一卷）[M]. 北京：外文出版社，2018：56.
④ 习近平．习近平谈治国理政（第一卷）[M]. 北京：外文出版社，2018：56-57.
⑤ 张治夏．疫情背景下意识形态建设重要性探究 [J]. 公关世界，2020（14）：107-108.

有关不利“中国精神”弘扬的错误言行，任何弱化“中国精神”重要作用的错误做法，我们必须坚决反对与制止；任何不利凝聚“中国力量”的错误言行，任何弱化“中国力量”强大作用的错误做法，我们必须坚持反对与制止。只有全体中华儿女对走中国道路信心满满，对以爱国主义为核心的民族精神和以改革创新为核心的时代精神大力弘扬，只有万众一心、团结奋进、汇聚强大力量，才能让我们战胜一切艰难险阻。习近平总书记指出：“建设具有强大凝聚力和引领力的社会主义意识形态，是全党特别是宣传思想战线必须担负起的一个战略任务。”[①]网络空间应该让这些富有昂扬斗志的力量占领每个角落，才能为中华民族伟大复兴提供源源不断的动力。

（四）新媒体背景下网络已成为意识形态工作主战场

新媒体背景下，意识形态工作尤其要重视和加强网络意识形态建设，这是时代发展给我们提出的重大课题，也是适应媒体本身向前发展的应有之义。党和国家的意识形态工作从其本质上看是政治工作，旨在通过媒介传递国家声音，将国家倡导的价值理念、指导思想、大政方针等为广大人民群众所了解、接纳，从而保证全体人民在思想上、价值理念上、道德观念上与党和国家倡导的主旋律达到一致融合，牢牢团结在一起。“广大人民借助于何种主要媒介来获取信息、认识外部世界，意识形态工作就应该把重心放在这种媒介之上，敢于和善于发出党的声音。”[②]意识形态工作至关重要，不是一成不变的，需要随着时代变迁、社会发展尤其是信息传播媒介的发展而不断变化发展。

纵观当今之中国，我国媒体格局发生了巨大变化，人们获得信息的渠道越来越多，现在报刊、图书、广播、电视俨然不是最主要的获取方式了，人们更多靠上网实现与外界的沟通与交流。互联网似乎成了人们获得知识、获取信息的最重要方式。“无网不生活，无网不工作，无往不交流”的时代似乎

① 习近平．论党的宣传思想工作 [M]. 北京：中央文献出版社，2020：340.

② 孙炳炎．新时代网络意识形态工作的意义、主要内容和基本策略——学习习近平关于网络意识形态工作的重要论述 [J]. 社会主义研究，2019（2）：1-7.

已是事实。人们几乎每天都要和“网”打交道，和“网”有着这样那样的联系。互联网虽不如其他媒介产生得早，但以其独特的优势备受人们喜爱。随着接入互联网终端设备的便捷化、多元化，互联网的使用规模越来越大、使用速度越来越高，它已超过其他媒介，成为人们看世界、增知识、获信息的最主要方式。

2018 年 8 月，中国互联网络信息中心（CNNIC）在京发布第 42 次《中国互联网络发展状况统计报告》，指出：“截至 2018 年 6 月，我国网民规模达 8.02 亿，互联网普及率为 57.7%；2018 年上半年新增网民 2968 万人，较 2017 年年末增长 3.8%；我国手机网民规模达 7.88 亿，网民通过手机接入互联网的比例高达 98.3%。”① 2020 年 4 月 28 日，中国互联网络信息中心（CNNIC）发布第 45 次《中国互联网络发展状况统计报告》显示：“截至 2020 年 3 月，我国网民规模为 9.04 亿，互联网普及率达 64.5%。”② 2020 年 9 月 29 日，中国互联网络信息中心（CNNIC）在京发布第 46 次《中国互联网络发展状况统计报告》显示：“截至 2020 年 6 月，我国网民规模达 9.40 亿，较 2020 年 3 月增长 3625 万，互联网普及率达 67.0%，较 2020 年 3 月提升 2.5 个百分点。”③ 照此速度，互联网覆盖的人数将会越来越多。由此可见，互联网已成为人们互动交流的主要媒介。习近平总书记指出：“现在，互联网越来越成为人们学习、工作、生活的新空间，越来越成为获取公共服务的新平台。”④ “网民来自老百姓，老百姓上了网，民意也就上了网。群众在哪儿，我们的领导干部就要到哪儿去⑤，我们的意识形态工作就要做到哪儿去。”“人们主要从哪里获得

---

① CNNIC 发布第 42 次中国互联网络发展状况统计报告 [EB/OL].（2018-08-20）. https://www.cac.gov.cn/2018-08/20/c_1123296859.htm.

② CNNIC 发布第 45 次中国互联网络发展状况统计报告 [EB/OL].（2020-04-28）. https://www.gov.cn/xinwen/2020-04/28/content_5506903.htm.

③ CNNIC 发布第 46 次中国互联网络发展状况统计报告 [EB/OL].（2020-09-29）. https://www.cac.gov.cn/2020-09/29/c_1602939909285141.htm.

④ 习近平 . 论党的宣传思想工作 [M]. 北京：中央文献出版社，2020：191.

⑤ 习近平 . 论党的宣传思想工作 [M]. 北京：中央文献出版社，2020：195.

信息，哪里就应该成为意识形态工作的主阵地和最前沿。”①

互联网的快速发展深刻地影响着人们的日常生活和获取信息的渠道，带来了媒体本身的更新换代、重大调整。这就要求我们把做好意识形态工作的当下方向，及时投到网络空间，以此作为加强意识形态工作的重点阵地，使党和国家的主流意识形态在网络空间大力弘扬和传播。

互联网的出现塑造出一个“人人可发声、人人能发声”的场域局面，所有网民都可以对网络信息进行操作。网络具有虚拟性、匿名性等特点，这就使得很多问题在互联网中滋生，这样，互联网便成为意识形态工作中的重要一环。互联网在给人类带来便利的同时，也方便了一些不法分子肆意歪曲事实，误导群众，以致网络秩序出现混乱，这就要求意识形态工作高度重视网络空间这一阵地，使这个最大的变量由复杂多变到可管可控，尽在党和国家掌握之中。

网络是当前各种思潮、各种价值观念广泛传播与奋力争夺的新场地、新空间、新领域。新媒体背景下，意识形态工作必须把网络意识形态工作作为重要内容，使互联网在传播价值观、思想观念等方面发挥更大的正向作用。习近平总书记指出：“管好用好互联网，是新形势下掌控新闻舆论阵地的关键。”②“舆论导向正确，就能凝聚人心、汇聚力量，推动事业发展；舆论导向错误，就会动摇人心、瓦解斗志，危害党和人民事业。”③“要让主旋律和正能量主导报刊版面、广播电台、电视荧屏，主导网络空间、移动平台等传播媒体，不能搞两个标准、形成‘两个舆论场’。”④总而言之，新媒体背景下，网络已成为意识形态工作的主战场，做好意识形态工作，需要我们下大力气、花大功夫把握网络空间阵地，做好网络意识形态工作。

---

① 孙炳炎．新时代网络意识形态工作的意义、主要内容和基本策略——学习习近平关于网络意识形态工作的重要论述 [J]. 社会主义研究，2019（2）：1-7.
② 习近平．论党的宣传思想工作 [M]. 北京：中央文献出版社，2020：183.
③ 习近平．论党的宣传思想工作 [M]. 北京：中央文献出版社，2020：185.
④ 习近平．论党的宣传思想工作 [M]. 北京：中央文献出版社，2020：186.

第四节　网络意识形态的安全挑战

一、我国网络意识形态安全面临的挑战

随着互联网技术的迅速发展、普及率的提高，我国互联网产业发展态势良好，互联网产业结构不断优化，正在以便利化、智能化的方式来不断满足网民日益多样化的文化需求。与此同时，网络社会舆论态势逐步向好，网络的法治化建设和德治化建设正在协同发展，网络意识形态安全总体形势良好。但是，我们也不能忽视网络意识形态领域的新变化、新问题，必须以一种长远的目光，保持思想上的清醒、政治上的敏锐，始终高度关注和保持警惕。

（一）西方国家网络技术占据较大优势

西方发达国家掌握着全球最先进的网络技术。“网络在绝大意义上已经成为少部分西方发达国家的语言、思想、文化的世界传播体系平台，话语权使西方发达国家的观点拥有决定性的优势。”⑤ 这种优势，导致广大发展中国家成为西方发达国家信息的附庸，往往成为被动接收者。而像我国依然是发展中国家，信息技术相对西方发达国家来说，仍有很大差距。在这种差距下，西方腐朽的价值观念、不科学的社会思潮，便轻而易举地入侵着我国的网络空间。在西方世界观、价值观、人生观的影响下，一些分不清是非的网民便像鱼儿一样上了钩，成为西方文化的追随者、崇拜者，这样对我国社会主义

⑤ 唐珊，林兴发．网络传播背景下我国意识形态安全现状研究 [J]. 特区经济，2015（10）：17-18.

的价值观念、科学思想造成了严重冲击。

（二）网络空间信息良莠不齐

在网络虚拟世界中，由于各方面的制度不健全，造成了大量谣言的存在。同时由于发布这些信息不需要付出大量成本，在网络匿名的保护下，便使这类信息有了大量的存在空间。这类谣言往往是抄袭、胡编乱造而来的，有的甚至是低俗的落后的内容，这种行为的存在不利于网络空间健康发展，给人以错误的知觉，甚至有的内容让人感到恐慌。不容忽视的是，任何一个看到网络谣言的人都可能成为下一传播者。这样以讹传讹，久而久之，对于网络意识形态安全带来了极大不安定因素，是对网络意识形态安全的极大挑战。

（三）主流意识形态影响力遭到弱化

1. 试图与主流意识形态争夺主导权

在网络空间，各种社会思潮相互交织，呈现多元化、复杂化的趋势和特征。首先，各种网络社交媒体平台、团体、非政府组织、网络意见领袖等传播主体，纷纷通过网络来表达自己的意见和诉求，这其中有很多值得肯定的思想，对网络空间社会的发展起到了一定助推作用，但我们也应看到在这其中“也存在一些带有政治色彩的组织和个人利用网络信息平台作为输出西方价值观念、进而实施思想渗透的重要媒介，试图与主流意识形态部门争夺对网络空间意识形态领域的领导权、主导权、话语权”①。其次，社会思潮传播者利用一些偶然性的个体事件大肆传扬和炒作，以此达到销蚀人们思想的目的。另外还有以断章取义形式来解析历史资料的现象，对历史事件和历史人物作出脱离实际的片面的解读，以此来动摇民族发展的文化基础。社会思潮传播者往往采用立体化、多样式的方式，通过锁定特定的群体、采用特定圈层的话语体系来传播自己的价值观念、思想、信息，以达到强化意识形态渗透的目的。再次，市场经济的发展，在给人们的生产生活方式以及思想观念、

① 杜爽．新时代网络空间意识形态安全问题研究 [D]. 沈阳：沈阳建筑大学，2020.

价值取向带来变化的同时，也使一些错误的思想观念、价值取向不断滋生。一些民众不能正确地处理好个人、集体、国家之间的关系，表现为个人利益至上，国家利益、民族利益、集体利益淡薄，爱国主义情怀不足；一些民众单纯地追求物质享受而忽视自身素质的提高；一些民众不能正确对待金钱，拜金主义盛行。在新媒体的强势介入下，这类事件的消极影响不断扩大，波及范围越来越广，对于主流意识形态影响力的弱化无疑起到了推波助澜的作用，以此来争夺网络舆论主导权。

2. 马克思主义意识形态话语权受到冲击

不可否认，新媒体的发展对于社会主义意识形态传播的路径和方法都起到了助推作用，有利于搭建社会主义意识形态网络平台，但我们也应清楚地看到，多元的文化相互碰撞、相互交织也为马克思主义意识形态话语权带来了消极影响。一方面，各种文化和思潮在网络空间由于不能及时受到有效监管，通过过分宣传、大力扭曲、收买网络意见领袖等方式试图与马克思主义意识形态争夺阵地。另一方面，由于网络中的信息多种多样，各种思潮此起彼伏，人们正在感受着多种意识形态的影响，不可否认，这其中既有社会主义意识形态的影响也有其他意识形态的影响，而一些错误的、低俗的、扭曲的意识形态往往凭借新颖的表达更能吸引广大网民的眼球，这样，在一定程度上就会影响人们对马克思主义意识形态的认同。而面对这种形势，马克思主义意识形态理论和传播方式创新不足，不能及时有效应对，从而使马克思主义意识形态话语权受到了冲击，走向被动。

3. 西方意识形态思想网络空间渗透严重

依托于网络加强意识形态渗透，是西方资本主义国家经常性的做法。由此可见，新媒体是传播西方意识形态的重要工具，起了相当大的作用。相对于现实世界，网络空间有其独特的话语体系。近代以来，西方国家凭借自身优势，逐步建构起带有国际霸权主义的话语体系。

一方面，随着新媒体的发展，西方敌对势力为了维护其国际霸权地位将其资本主义社会宣扬的“自由”“民主”“人权”等价值观念重新包装成所谓的“普世价值”，换汤不换药，力求借助互联网这个大平台将其在世界范围内广泛传播，同样在我国互联网领域传播开来，冲击着马克思主义在意识形态中的指导地位，给人民群众的思想带来极大的干扰。其目的就是消解人们对社会主义的认同、对国家的认同、对中国共产党的认同，从而进行和平演变。为了使其价值观念得到广大网络民众的认同，他们甚至“提出和强调‘网络自由’的互联网基本理念，排斥各主权国家对本国互联网内容的规范和治理，提出将维护‘网络信息自由流动’作为国际社会的共同责任，为西方势力争取更多的政治话语权力，以实现西方势力对网络空间发展和规划的全面掌控”①。

另一方面，将价值观渗透作为话语体系重新建构的基点。这主要体现在：西方国家通过一些文学作品、影视作品、音乐等输出资本主义的生活方式、思维方式、价值观念等，对我国广大网络民众进行思想文化渗透，让人们在不知不觉中、潜移默化地受到资本主义意识形态的干扰，造成部分网络受众对民族历史文化的不自信，甚至走向反动。目前，在我国网络空间流行着几种具有代表性的思潮，即“历史虚无主义”“新自由主义”“普世价值”等。这些思想深得一部分意志不坚定、思想左右摇摆的人的喜欢。殊不知“历史虚无主义”传播内容碎片化、零星化，支离破碎地解读历史，搅乱人们的价值观念，削弱马克思主义的指导地位，其本质在于否认中华民族延续上下五千年的优秀文明史，否定党团结带领广大人民抵御外敌入侵、筚路蓝缕、牢记初心使命的光辉历史，企图颠覆国家民族的文化根基。目前，“西方国家通过诋毁我国一些历史英雄人物及事件等，混淆人们的价值观念、思想价值取向、政治信仰，以削弱马克思主义思想在我国的指导地位”②。殊不知，“新自由主义”主张市场完全自由竞争、反对国家过多地干预经济、主张私有化、主张个人主义，其实质是利用资本主义削弱社会主义制度，为资本主义服务，达到称霸世界的目的。殊不知，“普世价值”只是西方“自由”“民主”“人权”的幌子，宣传“普世价值”为人类社会追求的最高目标，并立志于在世

① 杜爽 . 新时代网络空间意识形态安全问题研究 [D]. 沈阳：沈阳建筑大学，2020.

② 何茜 . 西方文化渗透下我国网络意识形态安全发展态势与对策研究 [J]. 中国社会科学院研究生院学报，2018（3）：55-63.

界范围内推广，只是他们达到称霸世界目的的手段而已。西方倡导的所谓“自由”只不过是少数资本家的自由，是资本家剥削压榨劳动者的自由，西方倡导的所谓“民主”只不过是少数资本家的民主，广大劳动人民哪有什么真民主，西方倡导的所谓“人权”只是抽象的人权而不是具体的人权。

值得注意的是，西方国家此种渗透主要面向的对象是广大知识分子和青年群体，采用他们容易接受的话语达到有目的的传播，通俗易懂，便于接受，使他们在不知不觉中深受其害。

4. 网络空间中宗教的肆意渗透不容忽视

在网络中，宗教的肆意渗透是新媒体背景下影响我国网络意识形态安全不容忽视的内容。学界有很多学者以高校青年大学生为研究对象，通过对不同省份高校大学生的调查分析，发现高校大学生中存在信仰宗教的问题。“西部地区如新疆、宁夏、广西等地，因少数民族较多和家庭因素，大学生中宗教信徒所占比例最高的在 44% 左右，且信教大学生数量仍有‘升温’趋势。”[①] 由于大学生的世界观、人生观、价值观正处于逐步形成时期，他们思想相对简单，很容易受到其他思想的干扰；由于他们对宗教没有科学的认识，但又对宗教存有好奇心，所以极容易接受相应的诱导。随着新媒体的发展，宗教组织往往借助网络来传播宗教思想，他们通过建立宗教网站，利用微信、QQ 等平台发布信息，组织非法网络宗教活动等，建立起和广大信徒尤其是学生信徒的关系。

陈国成指出，网络宗教在高校渗透的方式有“利用学生心理需求设置宗教内容，利用宗教文化热潮开发网络产品，利用宗教核心思想迎合价值取向，利用网络社交载体促使信息共享，利用西方价值理念扭曲价值观念”[②] 等，以此作为敌对宗教势力谋求其政治意图并实现其不可告人的目的的重要手段。宗教利用网络进行非法渗透的形势日益严峻、不容忽视，对我国网络意识形

① 张青磊 . 新时代高校网络意识形态安全：挑战、成因及应对路径 [J]. 湖北警官学院学报，2021，34（3）：53-60.

② 陈国成 . 网络宗教向高校渗透的方式、特点及其对策 [J]. 思想政治教育研究，2017，33（6）：116-120.

态安全提出了挑战。

5. 网络意识形态自身建设工作相对滞后，队伍整体能力面临新挑战

我们在看到存在外在挑战的同时，也应反观自身。在网络空间，网络意识形态自身建设工作相对滞后，队伍整体能力有待提升，也是我们面临的一大挑战。

一方面，马克思主义理论传播系统化大众化程度有待提升。马克思主义是一种科学的理论，具有实践性、科学性、人民性、开放性，这是一种博大精深、内涵丰富的理论，需要我们从整体上把握。而意识形态进入网络空间后，往往以简单化、形式化、碎片化、快餐式的形式呈现给广大民众，缺乏系统性、连贯性、深刻性，大众化不强。这样，不能将理论和现实很好地联系起来，便容易失去吸引网络民众的因素，产生不良的网络舆论。另一方面，网络意识形态工作队伍整体能力有待提升。过好互联网这一关，队伍建设是关键。新媒体背景下，一部分领导干部理想信念薄弱，放松了对马克思主义理论的学习，不能用马克思主义理论指导实践，给工作带来了极大的不利。另外，一些领导干部能力不足，不能紧跟时代步伐，墨守成规，不能主动利用新媒体技术传播好正能量，不能与时俱进地做好意识形态工作。与此同时，对于网络意识形态工作者的培养不够及时，部分意识形态工作者的工作方式方法不够恰当、不够科学，使网络空间中主流意识形态缺乏吸引力、凝聚力、感召力，不能有效引领社会风尚。

二、网络意识形态安全面临挑战之原因

习近平总书记指出："网络安全已经成为我国面临的最复杂、最现实、最严峻的非传统安全问题之一。没有网络安全就没有国家安全，就没有经济社会稳定运行，广大人民群众利益也难以得到保障。"① 面对当前网络意识形态安全出现的新问题、新情况，我们应该从多角度分析问题出现的原因，为找出

① 中共中央宣传部 . 习近平新时代中国特色社会主义思想学习纲要 [M]. 北京：学习出版社，人民出版社，2019：182-183.

应对措施作准备。

（一）网络信息领域核心技术创新不足

习近平总书记强调："核心技术是国之重器。要下定决心、保持恒心、找准重心，加速推动信息领域核心技术突破。"[①] 近些年来，不难看出我国互联网发展迈出了坚实的步伐，但与此同时，我们也要看到我们的短板。习近平总书记指出："同世界先进水平相比，同建设网络强国战略目标相比，我们在很多方面还有不小差距，特别是在互联网创新能力、基础设施建设、信息资源共享、产业实力等方面还存在不小差距，其中最大的差距在核心技术上。""互联网核心技术是我们最大的'命门'，核心技术受制于人是我们最大的隐患。"[②]

随着中国迅速崛起、综合国力的提高，西方敌对势力加紧打压我国发展的步伐越来越快。他们不断制造"中国威胁论"，认为中国的发展壮大，会对西方制度模式造成威胁，在此背景下，他们想方设法利用互联网对我们进行意识形态的渗透，加大"和平演变"的步伐，给我国网络意识形态安全带来严峻挑战。在此过程中，网络信息核心技术不强就是我们网络意识形态安全最大的隐患。在信息技术飞速发展的时代，需要我们加快实现网络信息领域的核心技术突破，为网络意识形态安全保驾护航。

（二）网络主流意识形态话语吸引力不够

相对于网络非主流意识形态的话语表达，我国"网络主流意识形态感性化传播方式不足、话语内容亲和力不够、传统文化创新性转化不足，导致网民对其情感态度在逐渐疏离，这无疑为错误社会思潮的冲击提供了可乘之机"[③]。对于网络空间中出现的错误思想观念、社会思潮，作为网络主流意识形态传播主体的党政媒体等应该及时予以纠正。主流思想在网络中"失声"

① 习近平．论党的宣传思想工作 [M]. 北京：中央文献出版社，2020：302.
② 习近平．论党的宣传思想工作 [M]. 北京：中央文献出版社，2020：197.
③ 董亚欣．新时代中国网络意识形态安全问题研究 [D]. 长春：长春理工大学，2020.

的现象必须得到有效纠正，主流思想必须敢于发声、勇于发声，用人民群众喜闻乐见的方式去表达，引导广大网民树立正确的价值观。

网络主流意识形态话语要契合群众关注问题，切实融入广大网民日常生活，及时回应网民需求，切实关心网民的利益，才能获得网民的认同。

（三）一些网民自由过度，履责意识淡薄

新媒体背景下，出现的众多媒介为人们日常生活提供了便利，为人们的互动、交流提供了平台，为人们获得和传递更多的信息提供了条件，同时也满足了人们多方面的需求。

新媒体平台具有虚拟性、大众性的特点，几乎每个网民都可以在网络平台上自由地发表自己的观点、转发别人的观点，向周围传播信息。在这一过程中，由于部分网民对网络认识不清，不能正确处理网络权利与网络义务的正确关系，他们认为网络是法外之地，可以随意在网络中发布任何信息，不受任何约束；他们认为可以随时随地以任何方式在网络中发泄自己的负面情绪，可以随便转发一些毫无事实根据的负面新闻；他们认为可以随时发布一些虚假的信息，欺骗大众。殊不知，互联网不是什么法外之地，在网络中需要坚持权利和义务相统一；殊不知，自由不是绝对的，而是相对的。这种不负责任的做法是缺乏网络责任意识的体现，破坏了网络生态环境，对他人、对集体、对国家都造成了消极影响，对网络主流意识形态造成了冲击，对网络意识形态安全造成了严重影响。

（四）网络意识形态安全教育实效性不强

网络意识形态安全教育是意识形态建设工作的重要内容，是新媒体背景下维护网络意识形态安全的必然要求。面对虚拟世界中纷繁复杂的信息，需要我们自身有分清是非、辨别真假的能力。这种能力的获得离不开网络意识形态安全教育。我国“当前网络意识形态安全教育在时代性和实效性等方面还有待进一步提升，科学化、制度化、精准化是进一步加强这项工作的努力

方向”[①]。

目前，我国网络意识形态安全教育主要是自上而下进行的单一式的灌输式教育，教育的效果不是很理想。人们对这种安全教育的认识不够科学，参与的主动性、积极性不高，找到新媒体背景下适合人们特点的网络意识形态安全教育方式，提高网络意识形态教育的实效性，增强网络意识形态教育的时代感，就显得十分必要。

（五）网络安全法治化建设步伐缓慢

随着新媒体的发展，网络已经贯穿人类生产生活的各个方面，加速了整个人类社会的发展进程。然而，伴随着新媒体的发展、信息化的推进，网络的覆盖面、普及率不断提高，人们对网络的依赖性也在不断增强。尤其对于年轻人来说，一天没有手机、一天没有网，好像人生缺失了什么。就是由于这种强烈的依赖性，无形之中为网络意识形态安全带来了诸多变量。

总体来看，网络意识形态安全形势十分严峻。为了维持自身在网络空间中的地位、利益，不同国家都在想方设法制定有关网络安全的系列法律法规，力求通过网络法律法规保护自身不受侵扰。“我国在网络和信息化产业上的发展很快，也较早地进行网络立法工作，但网络安全立法很不完善，还是存在缺乏基本法律、立法层级偏低、立法滞后以及相关法律不成体系的问题。”[②]“针对自媒体平台上的突发事件和不断出现的失范行为，解决方式更多的是采取应急立法的方式，这样制定的法律法规之间往往会缺乏可操作性、科学性、协调性。”[③]“自媒体意识形态安全领域的相关法律法规就存在众多空白点，对于自媒体平台中‘主流意识形态传播受到阻碍’‘传播低俗文化’‘依靠不实言论来引导舆论’以及相关言论权和个人隐私权的保护和侵权

① 张本青，李红革．加强网络意识形态安全教育的三个着力点 [J]. 人民论坛，2021（10）：108-109.

② 杜江楠．我国网络安全立法完善研究 [D]. 南昌：南昌大学，2016.

③ 于静娴．自媒体时代我国网络意识形态安全研究 [D]. 锦州：渤海大学，2020.

等责任都有待进一步补充和完善。”[①] 另外，我国网络信息监管机制相对滞后，举报反馈机制有待健全，一些网络信息监管部门工作中存在问题处理不够及时的现象，造成网民的误解，这都给网络意识形态安全带来了影响。

① 于静娴 . 自媒体时代我国网络意识形态安全研究 [D]. 锦州：渤海大学，2020.

第五章

网络意识形态安全策略

第一节　网络意识形态安全含义及特征

一、网络意识形态含义及研究现状

随着网络信息技术的迅猛发展和全球网络用户的快速增长，一个与现实社会相对应的虚拟的网络社会已经形成。网络社会是与现实社会相对应的虚拟社会，是现实社会借助于网络信息技术在时空上的延伸，也是一种客观存在。虚拟社会在社会构成要素、基本结构与社会功能等方面具备与现实社会相似的特征，同时又有别于现实社会。由于网络信息技术的迅猛发展，现实社会中人与人的结合方式或结构乃至于社会政治、经济和文化无不深深地打上了网络的烙印。

网络意识形态是人类社会一种全新的意识形态，是基于虚拟网络社会产生的。它是网民看待网络世界的有机思想体系，代表着网民利益、指导网民“行动”，并通过虚拟社会反作用于现实社会。网络意识形态有多种表达形式，网络言论是一种主要表现载体。关于网络意识形态概念的界定，学界观点不一。有的将其看作一种新意识形态和有价值导向的有机思想体系，如张宽裕、丁振国指出网络意识形态是代表了网民利益并指导其行动的思想体系；有学者将其看作现实中传统意识形态在网络空间的延伸，如姚元军指出网络意识形态是传统意识形态在网络空间中的一种延伸与再现；而黄冬霞、吴满意则认为网络意识形态不单是现实社会在网络中的直接反映，而是在线上与线下社会、网络个体与现实个体互相融合、渗透背景下形成的有机体系；还有学者将其看作为维护阶级利益、具有阶级属性的意识形态，蒋桂芳指出网络意识形态就是现实执政党在网络空间呈现的意识形态。

网络意识形态安全既是意识形态安全的一种新形式也是一个重要方面。关于意识形态安全的内涵，目前学界主要存在以下观点：一是从主流意识形态状态方面进行阐释，如奉鼎哲等学者认为意识形态安全是指国家或地区的主流意识形态在总体上能够维持的一个比较平和的状态；二是从网络意识形态安全与总体国家安全关系角度进行剖析，如赵准认为意识形态安全是总体国家安全的思想内核、安全诉求反映等；三是从网络意识形态安全构成内容方面进行概括，李晓燕认为意识形态安全内容包括政治制度安全、政治信仰安全、指导思想安全以及道德安全等要素；四是从意识形态安全重要作用方面进行探讨，如李成林认为意识形态安全是中国特色社会主义事业发展的精神支柱和智力支持。

而对于网络意识形态安全的含义，学界关于网络意识形态安全的直接概括较少，大部分学者选择从主流意识形态角度分析网络意识形态安全的内涵，也有部分学者从技术层面以及网络意识形态安全重要性方面来论述。一是从主流意识形态所处地位方面来把握，何茜认为网络意识形态安全是在网络空间通过对网民价值引导等来维护主流意识形态安全；二是从国家保障意识形态安全的技术能力进行分析，史献芝提出网络意识形态安全是一个国家能够凭借网络信息技术手段来保障自身免受外在力量颠覆的能力；三是以网络意识形态地位与作用来分析概念，孙瑞婷认为网络意识形态安全是总体国家安全观的重要内容，卜建华等也指出网络意识形态安全已经成为国家意识形态安全的重要组成部分。

从总体上看，学界关于网络意识形态形成了初步的概括。网络意识形态安全是意识形态安全的新形式，是构成意识形态的重要组成部分；从内容上看，网络意识形态是网络意识形态安全的维护对象。通过对意识形态安全和网络意识形态的把握来分析网络意识形态安全的含义，但孤立了解网络意识形态安全内涵不足以把握全貌。由于网络意识形态安全是非传统的、复合型问题，因此要对其进行各方面综合考察。

二、网络意识形态安全研究现状

（一）视角分类

伴随着互联网技术的迅猛发展，网络意识形态安全既面临着机遇也存在着挑战。学界对网络意识形态安全的研究概括如下：一是从意识形态传播形式方面进行研究。网络信息的发展可以在一定程度上为网络意识形态安全提供技术屏障，如侯天佐等认为网络信息技术能整体上把握反馈网络意识形态相关状况，利用大数据等技术处理海量数据，为网络意识形态安全提供有力的分析工具，把准意识形态特征及宏观走向。二是从意识形态内容传播角度展开论述，如杨嵘均认为网络信息技术对加速马克思主义的传播及对爱国主义、传统文化道德等传统意识形态的弘扬发挥了重要作用。三是从治理体系和治理能力视角进行分析，借助技术理性加强和提升国家网络意识形态安全治理体系建设和治理能力提升。如郭明飞等主张利用网络搜集民众思想动态相关信息，加强对民众进行思想价值指引；王金水等指出网络拓展了民主政治参与的新形式、新途径。

（二）困境探源

新媒体环境和网络信息技术高速发展背景之下，维护网络意识形态安全方面也面临很多困难。一是存在传播内容同质泛化、思想“贬值”的问题。王沛栋指出网络新媒体环境带来获取内容的便利化、“多源性”的同时，低质化、庸俗化和混杂性等形式也随之而来。二是传统意识形态的存在及传播方式遭受挑战。刘音等认为网络新媒体的“双向、互动传播模式”给凭借权威灌输来维持主导地位的传统意识形态传播形式带来了巨大威胁。三是敌对势力网络意识形态渗透问题。李明等认为西方国家的敌对势力的思想、价值观和意识形态等通过网络技术进行渗透，为图谋隐形控制、颜色革命和颠覆政权创造条件。四是我国主流意识形态地位不断受到侵蚀和挑战。卢黎歌认为网络新媒体背景下，非马克思主义或反马克思主义的意识形态，非社会主义和反社会主义思潮、思想和价值观对网民思想、价值观等产生消极影响；郭明飞、郭冬梅等具体列举了网络媒体中广泛存在的新自由主义、历史虚无主义、无政府主义、民粹主义等对我国主流意识形态产生的影响和冲击。五是在网络意识形态治理中存在难点。张志丹指出在网络意识形态安全维护和应对能力上，国家治理能力有待于提升。网络的开放性、即时性、虚拟性、去中心化等特性，加剧了网络意识形态安全治理的难度。

（三）治理路径

一般意义上讲，意识形态治理是指归属或依附于一定社会统治阶级的治理主体，运用正式和非正式制度以及多样的治理方式，整合意识形态领域的内外资源，通力协作以实现共同目标的动态过程。网络意识形态治理是针对网络领域进行的意识形态治理工作，是意识形态治理的网络化表征。网络意识形态治理的目的在于对内维护国家根本利益，巩固社会主义核心价值观在网络意识形态领域的引领作用，促进网民的政治认同、思想认同、情感认同，以维护网络治理秩序和构建“清朗网络空间”；对外坚决抵御资本主义软硬兼施的网络意识形态侵略，巩固马克思主义主流意识形态的指导地位，维护我国网络意识形态安全。

网络信息技术发展在实现生产生活方式变革的同时也给国家网络意识形态安全治理带来了难度。关于维护保障国家网络意识形态安全，学界相关建设性意见梳理如下：一是充分发挥治理主体作用，巩固治理主体权威。布超认为我国首先要有能够预判国内外意识形态安全情况、应对新问题的能力，同时构塑网络空间话语权。二是创新网络意识形态安全治理方式。马云志等学者主张要充分发挥网络信息技术优势，创新安全机制、改进工作方式，以创新求安全。三是围绕网络意识形态安全中心想办法。张博等认为维护网络意识形态安全的根本与核心是“坚持马克思主义指导地位不动摇”和“坚持社会主义价值观不动摇”，这是维护网络意识形态安全的根本。四是完善网络意识形态治理体系和治理能力。宋广强等提出要通过完善社会主义意识形态制度体系，为增强社会主义意识形态凝聚力、吸引力、感召力提供本源支撑；

刘永志指出要将依法治网理念全面应用于网络治理，提高我国网络领域“免疫”能力。五是夯实网络信息技术基础，提高技术能力和水平。张卫良等指出要强化我国网络基础设施建设，提升网络核心技术研发力；刘刚提出要通过信息技术的发展来保障网络意识形态安全。

综上，学界分析了网络意识形态的特点、境遇，并对维护网络意识形态安全的策略进行了挖掘，但对网民自身文化素养或接受教育引导能力差异、执行能力、组织影响力等还没有进一步深入研究。

（四）不足与展望

1. 存在的问题及不足

根据文献资料的梳理统计，2012 年以来学界在网络意识形态安全等方面的研究逐渐增加，并且研究方面不断增多，层次也不断深化。理论指导实践，在对网络意识形态安全基础理论研究方面，我们看到不乏意识形态安全、网络意识形态的理论研究，如意识形态安全的重要性、网络意识形态的特征及网络意识形态或是意识形态安全的概念界定，很少有学者对网络意识形态安全的含义进行分析，大部分学者在这个问题上将“维护网络意识形态安全”这个动词短语默认为网络意识形态的安全，从网络意识形态角度进行含义概括。由此可见，关于网络意识形态安全的多角度和深层次两方面的含义界定都有待进一步加强。实践检验理论，在文献检索中我们可以很清楚地观察到，对于网络意识形态安全的相关治理研究占较大的部分，学者们在探讨治理对策时忽视了国家与社会中更加复杂的影响因素和条件，如网民自身接受素质教育的程度、基层政府的执行能力考察等。实际治理经验和具体网络技术等专业角度的分析也都明显缺乏。对于网络意识形态安全建设的研究中，学者们主要站在国家角度对治理路径进行分析，虽然大体上可以分为总体方向和具体内容两个方面，但是仍然都属于宏观层面的问题，缺少更进一步的具体的贴近现实的细化方法。

2. 研究展望

第一，对网络意识形态安全的理论研究的涵盖范围应当进一步扩大，打牢理论基础。我们要将网络意识形态安全的含义辨别清楚，网络意识形态安全作为一个复合型范畴，在含义论述中不能只定义为网络视域下的意识形态安全或者网络意识形态的安全稳定状态等表面的概述，而应将视野放到更广的背景下，把更多角度和更多层次的含义进一步总结，赋予其综合性的内涵。对网络意识形态安全问题背后的经济因素、政治制度等方面问题进行深入研究，以探索其深层次的逻辑关系。第二，维护网络意识形态安全建设的研究内容应进一步结合现实，将现实社会生活中的经验与实践中具体的细化方法融入理论研究之中。大部分学者受身份的限制很难真正参与到网络意识形态安全的治理之中，具体操作方式与自身经验不能够完全支撑论点。应在实际调查与了解的基础之上，结合现实论据提出建设性观点，增强文章的实际可操作性。

第二节　维护我国网络意识形态安全策略

一、主流意识形态主导地位巩固

（一）坚持马克思主义网络主导地位，抢占意识形态传播“制高点”

近百年的革命、建设、改革和发展实践雄辩证明：只有马克思主义才是颠扑不破的真理，只有中国化的马克思主义才能救中国，与中国具体实际相结合是马克思主义释放真理光芒和能量的必然要求，中国特色社会主义是引领我们实现“两个一百年”奋斗目标和中华民族伟大复兴的伟大旗帜，是党“不忘初心、继续前进”的精神指引和行动遵循。网络意识形态的主导权是敌我双方争夺的新焦点新阵地，也是信息时代中国共产党执政的“最大变量”，是对党执政能力和抵御风险能力的新考验。要想牢牢把握住网络意识形态斗争的主动权，马克思主义就要当仁不让地占领网络这块新阵地。大学生是这块阵地中敌我双方争夺的重要对象，谁赢得了大学生，谁就掌握了制胜先机。因此，高校和宣传思想部门必须要明确肩上所承担的重要使命和责任担当，必须坚持党管意识形态的原则，在实际工作中做到守土有责、守土负责、守土尽责，充分利用网络空间弘扬主流意识形态，防范敌对势力和不良思潮的隐性渗透，引导大学生和广大网民坚定地捍卫马克思主义的主流意识形态地位，在大是大非和政治原则问题上坚定立场、站对阵营、善于斗争，尤其要增强发声主动性、掌握舆论主动权、打好意识形态主动仗，以压倒性态势取得意识形态斗争的胜利并坚持不懈地巩固成果，保证网络空间风气清朗、核心价值观长青、“正能量”长存。

（二）创新主流意识形态发展方式，增强马克思主义网络教育成效

近年来，马克思主义的传播发展出现了一些问题，遭受了一些挫折，甚至出现了书本里失踪、论坛中失声、教材中失语的现象，着实令人担忧。问题引发思考，不足倒逼改革。创新意识形态发展方式要找准“网络毒舌”之七寸，才能精准施策、对症下药，把握意识形态斗争的主动权、战略优胜权。要进行主流意识形态创新思维能力的“二次加压”，创新主流意识形态传播途径，转变马克思主义传播的话语方式，增强马克思主义与中国社会实际的黏合度，提高马克思主义教育在网络空间的针对性、适应性和实效性势在必行。

首先，重视主流意识形态网络阵地主导权争夺，引导大学生站对意识形态阵营。深刻学习领会习总书记“党过不了互联网这一关，就过不去长期执政这一关”“网民来自老百姓，老百姓上了网，民意也就上了网”“经常上网看看，潜潜水、聊聊天、发发声，了解群众所思所愿，收集好想法好建议，积极回应网民关切、解疑释惑”等殷切叮嘱，党的各级党组织、领导干部，特别是高校政工干部和辅导员队伍不仅要深化“意识形态工作是党的一项极端重要的工作，关系到党的生死存亡”“互联网已经成为舆论斗争的主战场”[①]的忧患意识、责任意识，还要时刻怀有一种互联网意识形态斗争的“本领恐慌”，努力提升网络意识形态斗争本领，提高网络意识形态斗争能力，让大学生网民不断得到来自党的精神食粮和政治关怀，紧密地坚守在马克思主义旗帜之下，固守意识形态阵地不丢失。

其次，加强马克思主义网络信息源建设，推进马克思主义网络化、大众化、通俗化。要努力提高马克思主义研究的深度、精度、广度，做到教育者自身真学、真懂、真信，而后言传身教，引导学生亲其师、信其“道”。特别要做好马克思主义大众化的功课，以广大网民特别是大学生喜闻乐见的气派、作

① 习近平．在全国宣传思想工作会议上强调胸怀大局把握大势着眼大事 努力把宣传思想工作做得更好 [EB/OL].（2103-08-21）. https://news.12371.cn/2013/08/21/ ARTI 1377027196674576.shtml.

风、风格呈现，增强马克思主义与网民需求之间的黏合度，提升马克思主义在网民中的接纳程度和教育成效，避免出现主流意识形态在网络失声失语的现象。

最后，进行网络社会主义核心价值观教育的供给侧结构性改革，塑造更多马克思主义教育“精品工程”。转变经济发展方式、推行供给侧结构性改革是国家适应引领新常态发展的发力点，对于马克思主义的网络传播、发展也需要供给端的创新，从而以更加高质量、高层次、高水准的教育内容，更加通俗易懂、见微知著的形式风格，引导广大网民积极培育践行社会主义核心价值观，做到入耳入脑入心、知与行相统一。

（三）重视中华优秀和先进文化网络传播，助力主流意识形态影响力提升

文化是一个国家综合国力的重要组成部分和软实力的重要体现，也是构成社会主流意识形态的隐性基因。文化软实力和影响力的提升会提高本国主流意识形态的话语权。网络文化建设与现实文化发展要协同进行，不可偏废。

其一，我们要在弘扬中华优秀传统文化、发展社会主义先进文化、建设社会主义文化强国的过程中，“讲好中国故事、传好中国声音”，凝聚和扩大民族共识，“建设中华民族共有精神家园”，注重将传统文化和先进文化的精髓融入网络文化建设和主流意识形态发展全过程，发扬传统文化和先进文化的魅力，展示在意识形态斗争中的民族文化自信。

其二，充分利用互联网传播优势，加强我国优秀文化和先进文化输出，提升我国主流网站文化影响力，助力马克思主义世界认同度提升。

其三，作为意识形态斗争的前沿堡垒，高校更应注重网络文化软硬件建设，提高马克思主义理论宣传的网络魅力和吸引力，努力搭建师生网络互动平台，加强校园网络舆情监管力度，积极挖掘中华优秀传统文化资源，在做好大学生思想政治教育工作的同时，将高校先进思想文化成果推向社会、呈现世界，为筑牢网络意识形态阵地、打赢网络意识形态之战贡献高校力量。

二、意识形态斗争队伍建设

（一）加强网络宣传思想队伍建设，培养意识形态斗争的“精兵强将”

毛泽东曾说：“政治路线确定之后，干部就是决定的因素。”网络意识形态斗争的成败，关键在于有没有一支政治信仰坚定、理论基础深厚、业务能力过硬、工作作风扎实的网络宣传思想骨干队伍。

（二）要加强队伍建设，培养网络思想宣传人才

思政宣传队伍是宣传马克思主义、党的理论政策的主力军，担负着弘扬主旋律、传播“正能量”、抨击假丑恶、消除“负能量”的重任，要努力打造一支理想信念坚定、对马克思主义真懂真信的主力军队伍。

（三）注重引导和发挥“关键少数人”的作用，掌握舆论主导权

要注重并发挥“网络意见领袖”作用，正确引领网络意识形态潮流方向。意见领袖的主要社会影响在于其追随者的范围及影响其他人行为和态度的能力。在网络中，他们通常是积极活跃的信息提供者和观点表达者，其网络态度言行、价值倾向、观点意见往往会影响包括大学生在内的相当一部分网民。

一方面，我们要对“网络意见领袖”的引导和教育给予足够重视，加强与“网络意见领袖”群体的沟通交流，建立完善的网络舆论“泄压阀”机制，及时掌握网民诉求、疏导网络情绪，保证网络舆论压力维持在合理区间，也要注重培养“党姓”意见领袖，主动发声，积极与错误思想作斗争，更加高效、快捷地引导网络舆论潮流，营造主流网络意识形态氛围。

另一方面，落实互联网不是“法外之地”的思想，运用法治思维管网治网，强化对网络的监管，惩恶扬善，树立国家舆论指向标。

三、网络参与主体媒介素养提升

网络空间的虚拟性在给每个人提供了均等的参与权的同时，也造就了网络参与者素质参差不齐、层次不一的客观事实，网民思想状况、价值倾向、知识水平、素质能力等各不相同。受网络环境影响，网民的意识形态趋向呈现多元多样多变的特点，这也是网络意识形态斗争难以“一劳永逸”的原因。因此，我们要作好网络意识形态领域长期奋战、持之以恒的斗争准备，深刻领会互联网意识形态斗争规律，精准掌控网民思想价值发展趋向，努力引领网络参与者媒介素养提升，营造一个清朗的网络环境。

首先，努力培养网民对网络信息的质疑精神和辨析能力，提高精准吸收营养、筛除有害信息的水平，引导网民主动形成抵御不良意识形态入侵的“免疫力”；其次，加强网民法律道德意识教育，教育网民坚守《网络安全法》和“七条底线”等网络法律法规，同时倡导文明理性健康上网，做到现实人格与虚拟人格的统一；再次，在符合基本法律规范的前提下，充分保障网民言论自由，摒弃“防民之口甚于防川”的不当做法，正确处理言论自由与网络管制之间的关系，采取疏导和劝说方式，引导网络虚拟社群理性、客观和道德地对待舆论、传播舆论，达到网络参与的遵规守纪与自由享受相统一；最后，以道德教育为基础，提升网络文化自觉，坚持正确的舆论导向，传播社会主义核心价值观，使之像空气一样“无处不在、无时不有”，成为全体网民特别是大学生群体共同的价值追求、独特的精神支柱和用而不觉的行为准则。

习近平总书记在2013年全国宣传思想工作会议上指出：“能否做好意识形态工作，事关党的前途命运，事关国家长治久安、事关民族凝聚力和向心力。”网络意识形态是意识形态工作在网络空间的延伸和拓展，由于网络独有的虚拟性、参与性和开放性特点，给这一领域的意识形态斗争带来了新的形势、新的挑战和新的任务。包括互联网在内的新媒体是相对新生的事物，而大学生群体又是网络参与的主体，大学生价值观受新媒体影响之利弊，在很大程度上决定着国家网络意识形态安全。网络意识形态斗争形势直接影响到民众言论、社会舆论和国家安危，因此，我们要把大学生价值观引导、核心价值观的培育践行放在重要的战略地位，把网络意识形态安全视作国家意识形态安全的重要一环，给予足够的重视，确保马克思主义的旗帜在网络意识形态领域屹立不倒。

第六章

意识形态安全对于国家安全的重要意义

意识形态是建立在一定经济基础上的思想观念体系，具体包括政治、哲学、法律、道德、艺术、宗教、文化等方面，其核心是价值观。意识形态伴随着人类的物质生产而发展变化。在阶级社会，意识形态被打上深深的阶级烙印，统治阶级意识形态在社会意识形态中占据着主导地位，而其他阶级的意识往往处于附属和边缘地位。意识形态之间的冲突一直存在于阶级社会之中，在当代中国，国内外、“资”“社”间属性处于无时无刻的斗争、交缠之中。以历史维度来看，资本主义意识形态在相当一段时期内占据着统治地位，直到马克思主义意识形态以其真理性、科学性、实践性、革命性和人民性在意识形态上拥有了与资本主义意识形态一较高下的资本。很长一段时期以来，“资”“社”意识形态斗争伴随着社会主义五百年历史的发展，即使是东欧剧变、苏联解体，冷战后意识形态领域的斗争依然存在和延续，历史并未终结，意识形态斗争在人类社会历史螺旋上升式的前进中不断演绎着此消彼长。新时代加强意识形态建设，坚持巩固马克思主义指导地位，维护主流意识形态主导地位，加强社会主义意识形态建设，对维护国家安全具有战略意义和价值。

第一节　意识形态安全是维护国家安全的必要条件

在社会主义国家，马克思主义意识形态以指导思想的形式呈现。其主要构成部分为政治、经济、法律、文化、哲学、艺术等。政治意识形态以社会主义政治、法律、思想为主体，其核心是马克思主义无产阶级专政的国家学说。经济意识形态是具有中国特色、关于社会主义市场经济理论及实践的思想形态体系，是结合中国时代和实践特征，对其他国家经济意识形态、对世界经济意识形态的一种扬弃。文化意识形态是在马克思主义指导下的文艺理论、艺术形式、道德风貌、行为方式、思维取向、风俗习惯等所表现出来的政治意向性或阶级性。它体现在具有中国特色的社会主义文化建设中[①]。维护意识形态安全是维护政治制度、确保制度安全的重要手段和途径。在社会主义国家，维护制度安全，增强道路、理论和制度自信，巩固以社会主义的主导思想至关重要。

鉴于意识形态安全在整个国家安全中的特殊地位，党和国家层面高度重视意识形态领域。习近平总书记指出，意识形态工作是党的一项极端重要的工作。在国家安全领域提出了总体国家安全观：以人民安全为宗旨，以政治安全为根本，以经济安全为基础，以军事、文化、社会安全为保障，以促进国际安全为依托，包含人民安全、政治安全、军事安全、经济安全、社会安全、文化安全等多方面内容。意识形态安全关系政权安危，是不同政治立场

---

① 郑永廷，叶启绩，郭文亮，等. 社会主义意识形态研究 [M]. 广州：中山大学出版社，1999.

的思想观念的交流交融和交锋。意识形态斗争是“颅内斗争”，往往在不知不觉、潜移默化中完成。意识形态“主权”的丧失往往被西方国家所利用，诱导颜色革命而产生政权颠覆和主权危机，发展中国家尤其是“二战”后新独立的国家随着发展的深入而自省，逐步愈加重视意识形态建设。

“资”“社”两大政治制度和意识形态存在对立和斗争。资本主义制度在得到巩固之后就一直在发展中打压和遏制其他社会制度、意识形态，特别是马克思主义意识形态发展。利用影视、网络、广播及其他各种手段对包括中国在内的社会主义国家进行渗透，特别是尚未形成成熟价值观的青年进行意识形态入侵，是西方意识形态的惯用伎俩。众所周知，美国一直以来对中国进行着有计划有目的的意识形态渗透。美国采取“阳谋”“阴谋”等一切手段，对中国进行意识形态方面的入侵及渗透，诱使中国改变马克思主义、改变国家性质，将中国拉入资本主义阵营，成为西方国家的附庸及“意识形态殖民地”。如美国多位前总统曾在多个场合公开表达过价值观渗透、政权颠覆等言论。此外，还有“一定要把他们青年的注意力从以政府为中心的传统引开来。让他们的头脑集中于体育表演、享乐、游戏、犯罪性的电影，以及宗教迷信”。可见，美国等敌对势力颠覆我国政权的手段途径多样，不仅是军事敌对、经济摩擦，还有意识形态扩张战略，呈现出由利益转向制度、价值观之争的趋势。其意识形态扩张并非如其所宣扬的，是传播先进文明，而是赤裸裸的意识形态战争。对此，邓小平有着清醒的认识：“美国对社会主义国家搞和平演变。美国现在有一种提法：打一场无硝烟的世界大战。”“使社会主义各国都放弃社会主义道路，最终纳入国际垄断资本的统治，纳入资本主义的轨道。”①

20 世纪 80—90 年代，苏东剧变，社会主义运动出现了重大挫折。意识形态斗争力量对比发生巨大变化，西方意识形态一时占据了绝对的统治地位，乃至于美国学者福山抛出了历史终结论，当时这种论调可谓赢得了很多人的追捧，但是中国和世界上其他社会主义国家在曲折中的发展使得历史终结论

① 邓小平 . 邓小平文选（第二卷）[M]. 北京：人民出版社，1994.

提出者自身都不得不重新审视和收回武断的论断，世界上仍然存在着资本主义和社会主义的激烈斗争。无论何时，西方资本主义国家都以经济入侵和意识形态渗透作为自身生存发展的手段，虽然当下和平与发展仍是时代主题，但以美国为首的资本主义国家亡我之心不死，意识形态斗争依然延续，西方资本主义通过一系列隐性的、暗中的手段来实现对社会主义的渗透和颠覆。这些手段的隐蔽性相较以往明显的军事、经济和政治对抗，更能起到麻痹和欺骗作用，往往更能起到出其不意的效果。意识形态安全作为国家安全的重要组成部分，在国家和社会安全方面起到十分重要的稳定作用。倘若意识形态安全出现隐患甚至损伤，国家安全必然受到冲击和影响。谨慎胜于漠视，我们必须给予意识形态安全足够重视，我们要时刻关注意识形态领域的“风吹草动”，做到“草木皆兵”，确保我国意识形态安全。

第二节　维护国家安全的原则路径

由资本主义所主导的全球化将世界各国裹挟其中，社会主义国家不自觉地也参与了全球化进程，当今世界越来越成为一个“地球村”。经济全球化、政治多极化、文化多样性和社会信息化趋势是人类发展到当今时代的四大特征，资本主义国家为主导，包括中国在内的社会主义国家在过去不得不以被动姿态融入，而今以中国为代表的发展中国家正尝试在适应基础上主动引领。但从整体上来看，当今的全球化仍是资本主义所主导的全球化，资本主义制度模式、价值观在西方霸权下强势兜售和推派。“资”“社”不同制度的国家之间相互对抗而又相互依存，社会主义国家是资本主义的学习者和借鉴者，两大制度之间的意识形态之争愈演愈烈，意识形态的应对及博弈方式、手段出现了明显的改变。在与不同意识形态，特别是西方资本主义国家交往时要警惕泛意识形态化。但在不涉及国家安全和主权时，要注意“左倾”倾向，防止将思想文化领域的学术研究、不同观点的争鸣都当成意识形态领域问题进行处理，避免对主流意识形态以外的思想观念都加以批判，也不宜对资本主义国家产生的人类优秀文化成果一概加以排斥和否定，前提是不能忽视和麻痹对意识形态斗争隐蔽性、长期性、复杂性和艰巨性的考虑，如若意识形态产生涉及国家安全的倾向、事件时，必须及时发声和亮剑，维护主流意识形态指导地位，确保国家意识形态安全。

一、建立巩固主流意识形态地位

自党的十六届六中全会提出社会主义核心价值体系和十八大以“两个

倡导”的形式提出社会主义核心价值观之后，马克思主义指导思想、中国特色社会主义共同理想、以爱国主义为核心的民族精神和以改革创新为核心的时代精神、社会主义荣辱观明晰为我国意识形态的主体内容。社会主义核心价值体系和核心价值观是社会主义意识形态的本质体现，它规定了社会主义社会的性质及方向。以社会主义核心价值观和价值体系为基础构筑的意识形态屏障，是抵御资本主义意识形态侵袭、维护国家主权安全的关键“基础设施”。社会主义核心价值观是社会主义核心价值体系理论的高度凝练和价值抽象，是社会主义核心价值体系的精髓。要巩固主流意识形态地位，就要夯实核心价值体系建设基础，坚持马克思主义指导地位，以马克思主义中国化的最新成果武装全党、引领社会思潮，内化于心、外化于行。从人类社会历史发展历程来看，社会主义终究要代替资本主义，从这个意义上来说“资”“社”意识形态是斗争和对立的，要关注和警惕资本主义意识形态的动向，如果思想上忽视、精神上懈怠、行动上呆滞，那么就会给资本主义意识形态以可乘之机，容易造成思想、价值观方向上的偏离甚至步入歧途。苏东剧变的惨痛教训表明，如果不注重意识形态领域斗争、忽视掌握意识形态斗争主动权，就会滑向资本主义的深渊，在意识形态斗争中“打败仗”，最终导致不可挽回的后果。

二、辩证处理意识形态与发展的关系

意识形态是一个复杂的思想观念体系，对待意识形态问题要具有整体性、战略性和全局性思维。不能简单、短视地对待意识形态问题，否则会令意识形态安全面临不利处境，甚至威胁到国家安全。很长时间以来，我们一直以共产主义继承人、接班人身份自居，对资本主义一切思想观念及成果都采取批判、斗争的态度，但是从事后成效来看不尽如人意。我们要吸取教训，以开放的心态和包容的姿态，既谨慎又妥善地看待、处理和解决意识形态问题。“冷战”结束后邓小平提出：“考虑国与国之间的关系主要应该从国家自身的战略利益出发，而不去计较社会制度和意识形态的差别。”[①]“社会主义要赢得与资本主义相比较的优势，就必须大胆吸收和借鉴人类社会创造的一切文明成果，吸收和借鉴当今世界各国包括资本主义发达国家的一切反映现代社会化生产规律的先进经营方式、管理方法。”[①]在全球化趋势下，中西方文化交流交融日益密切，两者间意识形态和文化交流融合、发展之间的关系是辩证统一的，对此我们既不能盲目崇拜也不能一味排斥。

三、改进意识形态的工作方式

当前我国意识形态领域存在的问题，既与西方敌对势力的渗透和暗中操纵等因素有关，也与长期以来我国意识形态工作在内容、形式、方式、方法、机制等方面存在的不适应性症结有关。意识形态作为一定的社会经济基础上的思想观念体系，要受社会经济基础的决定和影响。改革开放后，我国的经济体制由计划经济转变为社会主义市场经济，原来在计划经济体制下的社会主义意识形态无论在理论建构上还是在评价、方式方法上都存在着与社会主义市场经济相适应的转变过程，我们只有一方面抵御西方敌对势力对我国的意识形态颠覆，另一方面大力改进传统的意识形态工作方式，才能在新的时代背景下增强以马克思主义为主导地位的社会主义意识形态的说服力。

在全球化不断深化的背景下，特别是以网络信息技术为代表的现代信息技术发展对当前的意识形态工作提出了新的挑战、新的课题，现代信息技术很大程度地改变了人们的生产生活、思维和交往方式，依托现代信息技术创立的网络文化和网络经济在为意识形态建设提供了广阔空间和先进手段的同时，也带来了不确定性和风险挑战。网络作为意识形态工作的新载体、新平台是敌我意识形态争夺的重要阵地，在信息化时代，存在大量反对甚至污蔑、攻击马克思主义的宣传、言论，严重威胁着我国的社会主义意识形态建设。

① 邓小平．邓小平文选（第三卷）[M]. 北京：人民出版社，1993.

因此，我们要用好网络空间这块新阵地，用生动活泼的表现形式弘扬社会主义核心价值观等主旋律，加强对以马克思主义为主导的社会主义意识形态的传播，以抵御西方意识形态的进攻，进而维护我国意识形态安全和国家安全。

参考文献

[1] 马克思，恩格斯 . 马克思恩格斯全集（第三卷）[M]. 北京：人民出版社，1960.
[2] 列宁 . 列宁全集（第五卷）[M]. 北京：人民出版社，1986.
[3] 斯大林 . 斯大林全集（第二卷）[M]. 北京：人民出版社，1953.
[4] 毛泽东 . 毛泽东选集（第一至四卷）[M]. 北京：人民出版社，1991.
[5] 邓小平 . 邓小平文选（第一至三卷）[M]. 北京：人民出版社，1993.
[6] 习近平 . 习近平谈治国理政 [M]. 北京：外文出版社，2014.
[7] 卢卡奇 . 历史与阶级意识 [M]. 北京：商务印书馆，1999.
[8] 葛兰西 . 狱中杂记 [M]. 北京：人民出版社，1983.
[9] 袁贵仁 . 价值观的理论与实践 [M]. 北京：北京师范大学出版社，2013.
[10] 张耀灿，等 . 思想政治教育学前沿 [M]. 北京：人民出版社，2006.
[11] 徐建军 . 大学生网络思想政治教育理论与方法 [M]. 北京：人民出版社，2010.
[12] 俞吾金 . 意识形态论 [M]. 北京：人民出版社，2009.
[13] 习近平 . 决胜全面建成小康社会 夺取新时代中国特色社会主义伟大胜利——在中国共产党第十九次全国代表大会上的报告 [M]. 北京：人民出版社，2017.
[14] 习近平 . 习近平谈治国理政（第一卷）[M]. 北京：外文出版社，2018.
[15] 习近平 . 习近平谈治国理政（第二卷）[M]. 北京：外文出版社，2017.
[16] 习近平 . 习近平谈治国理政（第三卷）[M]. 北京：外文出版社，2020.

[17] 中共中央宣传部 . 习近平新时代中国特色社会主义思想学习纲要 [M]. 北京：学习出版社，人民出版社，2019.

[18] 本书编写组 . 思想道德修养与法律基础 [M]. 北京：高等教育出版社，2018.

[19] 张军成 . 价值观的力量——大学生社会主义核心价值观教育研究 [M]. 北京：光明日报出版社，2016.

[20] 习近平 . 论党的宣传思想工作 [M]. 北京：中央文献出版社，2020.

[21] 季广茂 . 意识形态视域中的现代话语转型与文学观念嬗变 [M]. 北京：北京大学出版社，2005.

[22] 崔雪莲 . 微媒体视角下的大学生价值观教育研究 [D]. 武汉：中国地质大学，2015.

[23] 王莹 . 当代大学生价值观的嬗变与培育研究 [D]. 北京：北京交通大学，2017.

[24] 王璐璐 . 文化生态视域下我国当代大学生价值观研究 [D]. 济南：山东大学，2016.

[25] 卞靖懿 . 新媒体视域下大学生价值观培育探究 [D]. 长春：吉林大学，2016.

[26] 赵天睿 . 中国特色社会主义核心价值观的培育与践行研究 [D]. 长春：东北师范大学，2017.

[27] 毛雁杰 . 大学生社会主义核心价值观认同问题研究——基于马克思主义认识论视角 [D]. 南京：南京工业大学，2018.

[28] 严娇 . 新时代我国网络意识形态安全面临的挑战与对策研究 [D]. 重庆：重庆邮电大学，2020.

[29] 董亚欣 . 新时代中国网络意识形态安全问题研究 [D]. 长春：长春理工大学，2020.

[30] 范海群 . 网络意识形态的生成作用机制及其治理策略研究 [D]. 重庆：重庆大学，2019.

[31] 井国兰 . 新媒体视阈下当代大学生社会主义核心价值观培育研究 [D]. 南

昌：华东交通大学，2020.
[32] 杜爽 . 新时代网络空间意识形态安全问题研究 [D]. 沈阳：沈阳建筑大学，2020.
[33] 杜江楠 . 我国网络安全立法完善研究 [D]. 南昌：南昌大学，2016.
[34] 于静娴 . 自媒体时代我国网络意识形态安全研究 [D]. 锦州：渤海大学，2020.
[35] 余惠琼 . 大学生网络舆论的特点与引导策略 [J]. 学校党建与思想教育，2007（3）：42-44.
[36] 郭建宁 . 关于当前文化建设与和谐校园的若干思考 [J]. 高校理论战线，2012（1）：64-67.
[37] 侯天佐 . 网络空间中意识形态安全的现实境遇与应对策略 [J]. 思想理论教育导刊，2019（7）：65-68.
[38] 王景云 . 新媒体对中国高校意识形态安全的冲击与应对 [J]. 思想教育研究，2017（4）：104-107.
[39] 黄旭东 . 意识形态建设与国家安全维护 [J]. 湖北社会科学，2009（7）：16-18.
[40] 张雷声 . 论社会主义社会主流意识形态 [J]. 马克思主义研究，2008（4）：37-42.
[41] 黄红发，陈王琼 . 全球化背景下西方意识形态渗透的主要手段和特征 [J]. 学术论坛，2011，34（4）：64-68.
[42] 赵景来 . 关于意识形态若干问题研究综述 [J]. 学术界，2001（4）：247-262.
[43] 刘永志 . 西方意识形态网络渗透新态势及我国对策研究 [J]. 马克思主义研究，2017（12）：96-105.
[44] 李艳艳 . 如何看待当前网络意识形态安全的形势 [J]. 红旗文稿，2015（14）：9-12.
[45] 杨嵘均 . 论网络虚拟空间的意识形态安全治理策略 [J]. 马克思主义研究，2015（1）：98-107，159.

[46] 魏晓文，邵芳强．论网络背景下的高校意识形态安全建设 [J]. 思想教育研究，2014（6）：29-33.

[47] 牛晋芳，孔德宏．必须重视网络时代我国意识形态的安全问题 [J]. 理论探索，2003（1）：57-59.

[48] 徐金超．“微媒体”背景下大学生社会主义核心价值观教育探析 [J]. 学校党建与思想教育，2015（23）：32-33.

[49] 袁樱．微信公众平台培育大学生社会主义核心价值观路径研究 [J]. 郑州铁路职业技术学院学报，2021，33（1）：107-109，112.

[50] 凤焱．简析社会主义核心价值观的科学内涵 [J]. 教育教学论坛，2020（17）：64-65.

[51] 白晓梅．当代大学生培育和践行社会主义核心价值观的必要性和路径研究 [J]. 农村经济与科技，2018，29（23）：287-288.

[52] 虞莉．论大学生社会主义核心价值体系认同的缺失与矫正 [J]. 湖北经济学院学报（人文社会科学版），2016，13（9）：18-19.

[53] 马燕．基于新媒体政治参与的青年价值观认同 [J]. 青年记者，2021（8）：48-49.

[54] 陈宸．全媒体时代社会主义核心价值观话语权提升路径探析 [J]. 新闻爱好者，2021（6）：88-90.

[55] 王东红，刘利娟．社会主义核心价值观在大学生中的培育与践行 [J]. 法制与社会，2019（20）：178-179.

[56] 王晓惠．社会主义核心价值观在高校大学生中的培育与践行 [J]. 内蒙古师范大学学报（教育科学版），2015，28（12）：38-40.

[57] 窦爱丽．新媒体对培养大学生社会主义核心价值观的意义及作用 [J]. 科技资讯，2021，19（11）：152-154.

[58] 吴媛媛．在大学生中培育和践行社会主义核心价值观的探索与实践 [J]. 国际公关，2019（8）：251-252.

[59] 章洪丽，赵永吉，王一夫．在大学生中培育和践行社会主义核心价值观探析 [J]. 高等农业教育，2017（3）：35-36.

[60] 曹福来，边隽 . 新媒体背景下在大学生中培育和践行社会主义核心价值观途径探究 [J]. 传媒论坛，2019，2（17）：1-2.

[61] 靳鹏 . 社会主义核心价值观网络传播效果优化及实现路径研究 [J]. 长春师范大学学报（人文社会科学版），2021，40（5）：24-25.

[62] 周辉 . 社会主义核心价值观的网络传播特点与路径 [J]. 新闻战线，2018（16）：12-13.

[63] 侯日莹，杨晶 . 试析社会主义核心价值观网络传播发展方向 [J]. 吉林广播电视大学学报，2020（8）：50-51，54.

[64] 向正群，喻勇 . 社会主义核心价值观网络传播趋势研究 [J]. 新闻战线，2015（24）：129-130.

[65] 朱镕君 . 网络意识形态的生成逻辑与理性建构 [J]. 太原理工大学学报（社会科学版），2019，37（1）：26-27.

[66] 管其平 . 网络空间下人的生存与发展的建构性分析 [J]. 济宁学院学报，2018，39（3）：99-103.

[67] 苗国厚 . 网络意识形态生成机理探究 [J]. 学校党建与思想教育，2018（8）：29-31.

[68] 张宽裕，丁振国 . 论网络意识形态及其特征 [J]. 学校党建与思想教育，2008（2）：37-38.

[69] 黄冬霞，吴满意 . 近年来国内学界网络意识形态研究述评 [J]. 天府新论，2015（5）：115-121.

[70] 黄冬霞，吴满意 . 网络意识形态内涵的新界定 [J]. 社会科学研究，2016（5）：107-109.

[71] 谢玉进 . 网络意识形态的内涵及其基本特征 [J]. 电子科技大学学报（社科版），2018，20（3）：60-61.

[72] 史献芝 . 网络意识形态的内涵、特征和生成机理 [J]. 南京邮电大学学报（社会科学版），2018，20（5）：11-17.

[73] 陈锡喜 . 论意识形态的本质、功能、总体性及领域 [J]. 上海交通大学学报（哲学社会科学版），2014，22（1）：5-11.

[74] 奉鼎哲，秦勇，李后强 . 网络意识形态的特征及其安全建设初探 [J]. 毛泽东思想研究，2017，34（5）：76-78.

[75] 丁玥言 . 新时代国内网络意识形态安全研究综述 [J]. 网络安全技术与应用，2021（5）：173-175.

[76] 徐梦婷，张宇 . 互联网视域下意识形态安全问题探究 [J]. 现代交际，2019（2）：236-237.

[77] 曹永峰 . 论网络意识形态是网络文化灵魂 [J]. 湖北农机化，2020（3）：52.

[78] 张治夏 . 疫情背景下意识形态建设重要性探究 [J]. 公关世界，2020（14）：107-108.

[79] 孙炳炎 . 新时代网络意识形态工作的意义、主要内容和基本策略——学习习近平关于网络意识形态工作的重要论述 [J]. 社会主义研究，2019（2）：1-7.

[80] 唐珊，林兴发 . 网络传播背景下我国意识形态安全现状研究 [J]. 特区经济，2015（10）：17-18.

[81] 何茜 . 西方文化渗透下我国网络意识形态安全发展态势与对策研究 [J]. 中国社会科学院研究生院学报，2018（3）：55-63.

[82] 张青磊 . 新时代高校网络意识形态安全：挑战、成因及应对路径 [J]. 湖北警官学院学报，2021，34（3）：53-60.

[83] 陈国成 . 网络宗教向高校渗透的方式、特点及其对策 [J]. 思想政治教育研究，2017，33（6）：116-120.

[84] 张本青，李红革 . 加强网络意识形态安全教育的三个着力点 [J]. 人民论坛，2021（10）：108-109.

[85] 宋广强，章凤红 . 当代中国意识形态安全面临的挑战与对策 [J]. 思想理论教育导刊，2015（5）：103-106.

[86] 杨军 . 改革开放以来中国共产党维护意识形态安全的基本经验 [J]. 贵州师范大学学报（社会科学版），2012（2）：40-44.

[87] 中共中央关于构建社会主义和谐社会若干重大问题的决定 [EB/OL].

（2006-10-11）.http://www.gov.cn/govweb/gongbao/content/2006/content_453176.htm.

[88] 胡锦涛在中央党校省部级干部进修班发表重要讲话 [EB/OL].（2007-06-25）.http://www.chinanews.com/gn/news/2007/06-25/964972.shtml.

[89] 胡锦涛在党的十七大上的报告（全文）[EB/OL].（2007-10-25）.http://www.chinadaily.com.cn/hqzg/2007-10/25/content_6205616.htm.

[90] 十七届六中全会公报（全文）[EB/OL].（2011-11-24）.http://cn.chinagate.cn/zhuanti/whcyfz/2011-11/24/content_23996878_3.htm.

[91]《求是》杂志发表习近平总书记重要文章 关于坚持和发展中国特色社会主义的几个问题 [EB/OL].（2019-04-01）.http://cpc.people.com.cn/n1/2019/0401/c64094-31005396.html.

[92] 社会主义荣辱观 [EB/OL].（2013-06-05）.http://qzlx.people.com.cn/n/2013/0605/c364582-21742365.html.

[93] 胡锦涛在中共第十八次全国代表大会上所作报告 [EB/OL].（2012-11-17）.politics.people.com.cn/n/2012/1117/c1024-19611447-5.html.

[94] 中共中央办公厅印发《关于培育和践行社会主义核心价值观的意见》[EB/OL].（2013-12-23）.http://www.wenming.cn/ll_pd/shzyhxjztx/201312/t20131223_1654835.shtml.

[95] 中华人民共和国宪法 [EB/OL].（2018-03-22）.http://www.xinhuanet.com/politics/2018lh/2018-03/22/c_1122572202.htm.

[96] 中共中央关于全面推进依法治国若干重大问题的决定 [EB/OL].（2014-10-29）.http://cpc.people.com.cn/n/2014/1029/c64387-25927606.html.

[97] 十八大以来网络空间法治化全面推进 [EB/OL].（2015-12-14）.http://m.cnr.cn/news/20151214/t20151214_520792431.html.

[98] 燕道成，杨瑾胡，江春 . 网络舆情新特点及应对策略 [EB/OL].（2016-02-04）.http://www.xinhuanet.com/politics/2016-02/04/c_128701813.htm.

[99] CNNIC 发布第 42 次中国互联网络发展状况统计报告 [EB/OL].（2018-08-20）.http://www.cac.gov.cn/2018-08/20/c_1123296859.htm.

[100] CNNIC 发布第 45 次中国互联网络发展状况统计报告 [EB/OL].（2020-04-28）.http://www.gov.cn/xinwen/2020-04/28/content_5506903.htm.

[101] CNNIC 发布第 46 次中国互联网络发展状况统计报告 [EB/OL].（2020-09-29）.http://www.cac.gov.cn/2020-09/29/c_1602939909285141.htm.